Eslava, Jorge
   Los abuelos están de regreso... en la crianza : manual de convivencia para el matrimonio padres-abuelos en la crianza / Jorge Eslava, Lyda Mejía y Neva Milicic ; ilustración Kreesel. -- Edición Margarita Montenegro Villalba. -- Bogotá : Panamericana Editorial, 2017.
   140 páginas : ilustraciones ; 23 cm. -- (Agenda de Hoy)
   ISBN 978-958-30-5597-3
   1. Crianza de niños 2. Desarrollo infantil 3. Abuelos y nietos I. Eslava, Jorge, autor II. Mejía, Lyda, autora III. Milicic, Neva, autora IV. Montenegro Villalba, Margarita, editora V. Kreesel, ilustrador VI. Tít. VII. Serie
649.1 cd 21 ed.
A1574986

   CEP-Banco de la República-Biblioteca Luis Ángel Arango

Los nombres de los autores
aparecen en orden alfabético.

Primera edición, julio de 2017
© 2017 Instituto Colombiano de Neurociencias
© 2017 Panamericana Editorial Ltda.
Calle 12 No. 34-30. Tel.: (57 1) 3649000
Fax: (57 1) 2373805
www.panamericanaeditorial.com
Tienda virtual: www.panamericana.com.co
Bogotá D. C., Colombia

Editor
Panamericana Editorial Ltda.
Textos
Jorge Eslava,
Lyda Mejía,
Neva Milicic
Ilustraciones
Kreesel
Edición
Margarita Montenegro Villalba
Diagramación
Martha Cadena

ISBN 978-958-30-5597-3

Prohibida su reproducción total o parcial
por cualquier medio sin permiso del Editor.

Impreso por Panamericana Formas e Impresos S. A.
Calle 65 No. 95-28. Tels.: (57 1) 4302110 - 4300355. Fax: (57 1) 2763008
Bogotá D. C., Colombia
Quien solo actúa como impresor.

Impreso en Colombia - *Printed in Colombia*

Jorge Eslava - Lyda Mejía - Neva Milicic

Los abuelos están de regreso… en la crianza
Manual de convivencia para el matrimonio padres-abuelos en la crianza

Con la colaboración de
María Helena Gorostegui

Panamericana Editorial / Agenda de Hoy

GRACIAS

A nuestros nietos y a sus padres que nos han regalado una ***abuelitud*** maravillosa… a la vida que nos ha dado tanto.

Contenido

Prólogo	9
Preludio: El contexto	13
Capítulo I: Los hechos y sus causas	19
Capítulo II: La realidad	29
Capítulo III: El manual de convivencia	51
Capítulo IV: Contenidos del manual de convivencia	53
Capítulo V: Los aportes de la *abuelitud*	93
Capítulo VI: Abuela, léeme un cuento	111
Capítulo VII: Cae el telón	129
Epílogo: ¿Qué quedó de todo ello? El legado de los abuelos	133

Prólogo

En buena hora llega este libro para avanzar en el propósito de que nuestra sociedad entienda que sí es posible una crianza sin maltrato, sin premios ni castigos y, en su lugar, con límites y amor. Esta crianza respetuosa y amorosa es un reto aún más difícil si no se cuenta con los abuelos, quienes, como lo plantea este libro, pueden ser los mejores aliados de los padres en esta maravillosa etapa.

Sin embargo, nadie nos enseñó a ser papás o mamás, y menos aún nos han enseñado a ser abuelos o abuelas. Además, los imaginarios de esta relación padres-abuelos-suegros —en general—, no contribuyen a la construcción de una buena relación que privilegie la crianza y la educación de los nietos. Este libro se convierte entonces en una valiosa guía para los que tienen la fortuna de ser abuelos y para prepararnos a quienes soñamos con serlo algún día. Pero de manera especial es una guía para que los papás y las mamás entendamos, cuidemos y aprovechemos con todo el respeto al mejor apoyo que podemos tener en la crianza, los abuelos.

Algo que vale la pena resaltar de este libro es la sensatez; aunque nada en él es obvio, con su lectura se hacen evidentes cosas que usualmente no vemos o sobre las que no reflexionamos. Una de estas cosas es que en la crianza el que está en el centro es el niño o la niña, y que tanto padres como abuelos estamos allí para ayudarlos a crecer día a día en autonomía, para cuando llegue el momento en que los veamos irse, con lágrimas en los ojos, seguramente, pero con la tranquilidad y la ilusión de seguir siendo testigos de una vida fructífera, autónoma e independiente.

Otro de los temas que nos plantea el libro es que los abuelos son un segundo anillo en el entorno protector que deben tener los niños, cuya labor es fundamentalmente cuidar y dar afecto. Para los abuelos, que están en la segunda línea, un gran reto es ser capaces de seguir y apoyar esa guía de los padres, mientras les brindan lo mejor de sí mismos.

Una de las tareas a la que, según los autores, ningún abuelo debería renunciar es a brindar memoria, tradición y herencia ética a sus nietos, algo que los papás y las mamás debemos entender y valorar.

Por último, pero no menos importante, los padres y los abuelos deben privilegiar el juego durante la crianza. Tenemos la oportunidad de volver a ser niños, de recordar o de aprender las canciones de la infancia, de usar títeres, de leer cuentos y mucho más; este libro nos da buenas ideas para hacerlo y, además, para disfrutarlo.

Los papás y las mamás, que tienen la primera responsabilidad en la crianza y la educación, deben recordar que también la tienen para hacer de esta relación padres-abuelos la más armónica, provechosa y respetuosa posible, para que cuando llegue el deterioro o la enfermedad del abuelo o la abuela nos quede la satisfacción de que nuestros hijos recibieron lo mejor de ellos. En ese momento los abuelos tendrán la certeza de haber dejado una huella indeleble que hará de sus nietos mejores personas, lo que los mantendrá vivos en la mente y en el corazón de ellos.

Este es un aporte muy valioso para que muchos más niños y niñas tengan la infancia maravillosa que los padres y los abuelos debemos brindarles.

A Neva, Lyda y Jorge, gracias por compartir tanto cariño y tanta sabiduría.

¡¡¡Qué afortunados son sus nietos!!!

Carolina Piñeros Ospina
Directora ejecutiva Red PaPaz
Bogotá

Preludio: El contexto

HORA: 5:30 p. m.

LUGAR: Consultorio de la profesional a quien se le ha consultado por las severas y reiteradas dificultades comportamentales del niño, que está lesionando a sus compañeros y maestros, y pone en riesgo su desempeño escolar y social.

EVENTO: La profesional acaba de compartir con los padres del niño las estrategias y las acciones que deben implementarse para ayudarlo a crecer en autorregulación y armonía. La sesión ha terminado y los padres están por abandonar el consultorio. En ese momento, uno de ellos se gira y…

TRAGEDIA: "Ayyyyyy, doctora, ¿cómo hacemos para que todo esto lo entienda la abuela? Porque es ella quien está normalmente con el niño y si viera usted…". (Aquí toda una seguidilla de quejas en contra de la pobre abuela, de cómo lo malcría, de cómo no hace lo que debiera, de cómo es un desastre a la hora de ayudarle con los deberes, etc., etc., etc.).

EPÍLOGO: La profesional pregunta: "¿Dónde está la abuela?". La respuesta es: "Afuera, esperándonos en el auto".

El regreso de los abuelos a la crianza debería ser el lugar natural de la armonía, de la alegría, del compartir.

Infortunadamente, suele ser lo opuesto: un espacio fragoroso y doloroso en donde todos sienten que reciben menos de lo que quisieran, resienten la actitud del otro y concluyen que "les toca resignarse a este mísero acuerdo porque no hay más remedio". Un auténtico pierde-pierde en el lugar que por derecho propio debería ser un auténtico gana-gana. Los autores creemos que a esta dolorosa situación se le puede dar la vuelta. Acompáñennos por favor…

Creemos que debemos empezar por presentarnos. El tema de la crianza no es aséptico ni objetivo. Implica una toma de posiciones en la que están involucrados muchos factores, entre ellos —y de manera preponderante— los valores, los afectos y las emociones, y nada de ello es aséptico u objetivo. Por ello nos parece de elemental honestidad intelectual dar a conocer al lector quiénes somos los autores y desde dónde se origina nuestra mirada.

Somos tres abuelos. Por ello llevamos la voz de los abuelos. Pero también miramos de manera crítica a nuestros pares y a nosotros mismos, porque debe recordarse que no hay cuña que más apriete que la del propio palo. Registramos con amor la voz de los hijos, hoy convertidos en los padres contemporáneos. Sin embargo, también creemos —como es propio de los abuelos— tener la capacidad de tomar cierta distancia respecto de esas minúsculas tragedias cotidianas que con cierta frecuencia se agigantan frente a los padres contemporáneos y transforman la maravillosa aventura de la crianza en una caótica tormenta de desesperanza. También quisiéramos ser la voz de los niños. La voz explícita cuando quisieran expresar todo ese maravilloso torbellino de alegría y confusión que reina en sus cabecitas y no saben cómo hacerlo o encuentran que sus padres no saben entenderlo. Pero también la voz implícita cuando el estadio apenas incipiente de su desarrollo y de asomarse al mundo no les permite entender ciertas razones e imperativos que quisieran ignorar pero que deben reconocer y acatar.

Además de abuelos somos tres profesionales. ¿De qué? Quisiéramos autodenominarnos "profesionales de la infancia": una psicóloga, una fonoaudióloga y un neurólogo infantil que hemos desarrollado toda nuestra historia laboral, académica, afectiva y misional en torno a los temas del desarrollo, el aprendizaje y la conducta de los niños, y en ello hemos descubierto un mundo maravilloso y la oportunidad de aportar a la construcción del mismo.

Hemos acompañado a familias que han conseguido con sabiduría, perseverancia y amor enfrentar situaciones complejas debido a dificultades del desarrollo de sus hijos, ocasionadas por circunstancias ambientales desfavorables o por cambios abruptos en sus condiciones de vida. De igual forma hemos sido testigos del goce compartido por padres y abuelos en la crianza, la transmisión generacional de costumbres y valores en ella, y la adopción por parte de los abuelos de conocimientos, tecnología y costumbres que la facilitan y enriquecen. Nos hemos enfrentado también a situaciones dolorosas, tanto más dolorosas en la medida en que convierten a unos seres maravillosos en impotentes actores de una tragicomedia de equivocaciones que con frecuencia marca con el sello del dolor su presente y su futuro, y arrastra en esa caída a muchos inocentes cuyo único pecado fue rodear a esos actores.

Una de esas situaciones son los desencuentros entre padres y abuelos en torno a la crianza de los niños. Hace algunas décadas este era un tema inane por la sencilla razón de que los abuelos habían "desaparecido" de la crianza en la mayoría de las familias. Hoy, esos abuelos están de regreso en la crianza, y este regreso —lejos de formar "parte de la solución"— con cierta frecuencia se ha sumado para ser "parte del problema". En una situación en la que todos pierden.

De ahí nace este libro.

Nace de nuestra convicción de que —como se mencionó arriba— a esta dolorosa situación se le puede dar la vuelta. Lo hemos visto una y otra vez en la práctica profesional cotidiana. Hay además abundante material teórico que soporta la validez de las premisas que lo fundamentan. Pero, por encima de todo, se ve en los ojos de los niños y las niñas, los padres y las madres, los abuelos y las abuelas cuando logran liberarse de esas ataduras de la incomprensión, la frustración y la desesperanza para encontrar la armonía que, por derecho propio, debería estar en el epicentro de las relaciones entre padres, abuelos y nietos.

Este libro —igual que otro de la misma serie— se basa en consideraciones científicas, pero no pretende ser un tratado científico o académico. Durante las últimas décadas hemos acumulado información valiosa y razonablemente sólida sobre el desarrollo infantil, la manera en la que los niños aprenden (aprenden en sentido amplio, esto es, aprendizaje académico, sí, pero también de actitudes, conductas, respuestas, en fin, para la vida), los factores que facilitan o entraban un aprendizaje sano, y los paradigmas a los que se enfrentan los padres contemporáneos, etc.

A partir de esos conocimientos científicos, la experiencia de más de tres décadas de práctica profesional ha ido moldeando unas posturas concretas frente a ese "matrimonio padres-abuelos para la crianza". Las dificultades concretas de varios miles de niños, sus padres y sus abuelos, y los resultados de las estrategias de intervención implementadas, han ido dando cuerpo a esa postura y le han dado sentido de urgencia a la expresión abierta de esa postura. De allí nace este libro.

Por ello ya advertimos con anterioridad que, a pesar de que se basa en consideraciones científicas, este escrito no pretende ser un tratado científico o académico. Hemos abandonado por ello la pretensión de escribir en el formato usual de los textos académicos, para reflexionar sobre el "matrimonio padres-abuelos para la crianza" sin citas bibliográficas y en lenguaje llano, sin tecnicismos.

Bienvenidos, padres y abuelos.

Acompáñennos, por favor…

Capítulo I: Los hechos y sus causas

Los abuelos están de regreso en la crianza. Esa es una realidad contundente en el mundo contemporáneo y —a juzgar por las evidencias disponibles— lo será aún más en el futuro.

Por ejemplo, Jacqueline Balcells y Mónica Espinosa (2016), en su libro *Abuela... ¿Yo?* nos recuerdan que, en Estados Unidos, uno de cada catorce niños vive en un hogar sostenido por un abuelo.

La Universidad Católica de Chile, por su parte, documentó en 2013 que un 41 % de los adultos mayores viven al menos con un nieto.

En Colombia, de acuerdo con el censo de 2005, en el 15,5 % de los hogares en los que hay niños, el jefe del hogar es alguno de los abuelos.

Sin embargo, más allá de las frías cifras hay un hecho fácil de comprobar.

Vaya usted, amable lector, a cualquier escuela o jardín de infantes a la hora en la que los niños entran o salen y fíjese usted bien en quiénes están allí: los que están esperando en la puerta, en una muy alta proporción, son los abuelos, mas no los padres.

¿Qué ha traído a los abuelos de vuelta a la crianza?

Los abuelos más longevos

En los últimos cincuenta años, la expectativa de vida global ha aumentado de manera vigorosa.

En América Latina ha pasado de 52 años en 1950 a 73 años en la actualidad. Para Colombia, la expectativa de vida actual es de 74,8 años; para Chile, de 80,5 años.

Esto hace que los abuelos estén ahí presentes. Pero ¿dónde es ahí?

Ahí es en el hogar, en la familia, porque son esos, precisamente, los años en los que las personas terminan su ciclo laboral y, por ese motivo, están de regreso en la casa, en contacto estrecho y directo con los niños, es decir, con sus nietos.

Pero los abuelos contemporáneos no solo son más longevos, son también más vitales.

Los avances de la medicina contemporánea, los mejores conocimientos sobre la salud, la prevención y la vida sana han conseguido añadir, no solamente más años a la vida, sino también más vida a los años: la mejor y más extensa conciencia sobre la importancia del ejercicio; la prevención del tabaquismo; los desarrollos en tecnología de apoyo visual, auditivo y motor; la aparición de medicamentos, terapias y otras acciones que disminuyen el impacto de las condiciones invalidantes de antaño (por ejemplo, la artritis reumatoide o la osteoporosis), etc., etc., etc., han confluido para hacer de los abuelos unas personas mucho más vitales, de mejor humor, más capaces y mejor dispuestas a ayudar en la fascinante aventura que es la crianza de los niños.

La estrechez económica de los abuelos

Una larga vida es también una larga oportunidad para llevar cicatrices: en el cuerpo, en el alma… y en el bolsillo. La mayoría (¿todos?) de los abuelos contemporáneos son sobrevivientes de grandes o pequeñas catástrofes financieras globales, locales o domésticas. Algunos lograron salvar algo del desastre —bien en capital acumulado o bien porque disfrutan de una pensión, con frecuencia magra—, pero, para muchos, el naufragio se lo llevó todo. En Colombia, por ejemplo, solo el 25 % de los ancianos tienen hoy derecho a pensión. Esta situación obliga al abuelo a buscar apoyo y refugio pecuniario, lo que con frecuencia implica regresar a casa de los hijos y los nietos. La consecuencia es obvia: el abuelo o la abuela están ahí, disponibles para apoyar en la crianza.

La viudez

Cuando el abuelo o la abuela, que ha construido una muralla invencible de vínculos, afectos y certezas en torno a su relación de pareja, sufre esa catástrofe telúrica que lo(la) deja en la mitad de ninguna parte, solo(a), desvalido(a), temeroso(a), frágil, es apenas natural que busque refugio en sus anclajes naturales: hijos y nietos, y ello trae al abuelo o la abuela de vuelta a la crianza. Por otro lado, es cada vez más frecuente la separación y el divorcio entre ancianos —hecho que antes era virtualmente desconocido—, lo que también trae al abuelo o la abuela de regreso a la crianza.

La estrechez económica de los padres

Pero también pueden ser los padres quienes padecen apuros económicos y requieren el apoyo de los abuelos —si están estos en condiciones de ofrecerlo—, de modo que se juntan las familias y se pone de nuevo a los abuelos en situación de "disponibilidad obvia para apoyar en la crianza".

La necesidad de cuidadores

Pero, sin duda, el principal factor que ha traído a los abuelos de vuelta a la crianza es la necesidad que tienen los padres de cuidadores para sus hijos. En la familia típica contemporánea, ambos padres trabajan, y su jornada laboral, sumada a los atascos de tránsito y otras arandelas de la vida cotidiana, obligan a disponer de adultos responsables que acompañen a los niños mientras sus padres no están en casa. A lo anterior se suma que el mundo de hoy ha añadido muchos frentes adicionales que deben ser atendidos: llevar al niño al odontólogo, a alguna actividad extracurricular, al parque o a la placita (las unidades de vivienda no tienen ya solares, jardines o espacios amplios para el disfrute de los niños y "jugar con los vecinos de la cuadra en la calle" ya no es una opción viable para la mayoría), atender las citaciones de la escuela, etc., etc. El panorama es aún más complejo cuando se recuerda que ese cuidador debe poseer altas cualidades académicas y culturales, pues debe ayudar a los niños a hacer sus tareas, a resolver sus interrogantes, además debe ser interlocutor válido de maestros, profesionales de la salud y autoridades, a tomar decisiones del día a día, etc. Finalmente, el panorama se hace aún más complejo cuando se recuerda que… ¡no hay presupuesto para atender estas necesidades! Por ello, ese cuidador debe ser… ¡gratuito! "¡Todos los caminos conducen a Roma!". En efecto, la suma de las anteriores —y otras— consideraciones conducen a un solo desenlace: los cuidadores preferidos son los abuelos. Existen otras opciones, pero tanto desde el punto de vista "teórico" como desde lo que se observa en la cotidianidad, más allá del cuidado primario de los padres, los cuidadores por excelencia en el mundo contemporáneo y en el futuro previsible son —y serán— los abuelos.

La seguridad

¿Cuánta seguridad queremos para nuestros hijos? ¡TODA! Esto también conduce a elegir a los abuelos como la mejor opción, por encima de otras disponibles.

No obstante, creemos pertinente introducir aquí un llamado de atención.

Como bien han expuesto varios tratadistas —Steven Pinker entre ellos—, nunca antes en la historia había estado la humanidad más segura... y nunca antes se había sentido tan insegura. Dejamos a otros la explicación de este fenómeno, pero lo registramos con preocupación por las consecuencias nefastas que trae para todos. No obstante, en lo que aquí interesa, nos enfocaremos en los nietos y los abuelos.

Para los abuelos. ¡Pocas veces en la historia se ha registrado una víctima más frecuente de la espada de Damocles que los abuelos contemporáneos! "¡Cuidado le pasa algo a Marianita!". En unos casos porque es una "advertencia explícita y real" con la que algunos padres amenazan y agreden constantemente a los abuelos, y en otros porque pertenece al imaginario de los abuelos (especialmente de las abuelas); el hecho concreto es que una enorme cantidad de abuelos contemporáneos truecan el enorme disfrute de la crianza de los nietos por la zozobra constante: "¡Es que si algo le pasa a Marianita, mi hija me mata!". Cuando se contemplan los esfuerzos sobrehumanos, carentes de toda lógica y solo "justificados" por una irracional sobreprotección asumida, supuesta o impuesta, de una abuela con una condición dolorosa (artritis reumatoide, por ejemplo) para seguir el ritmo de su pequeña y muy activa nieta de cuatro años, se cae en la cuenta de cuán injusta y cuán sinsentido es esa esclavitud, esa devoción irracional al altar de la seguridad. ¡Por supuesto que todos queremos niños seguros! ¡Claro que los abuelos quieren a sus nietos seguros, se preocupan por ellos y los cuidan! ¡Desde luego que cuando esos abuelos fueron padres se preocuparon por la seguridad de sus hijos (de esos mismos que hoy a veces les reclaman tan injustamente por la seguridad de sus nietos) y con ello demostraron que lo saben hacer. Todos deberíamos ser capaces de entender eso a cabalidad!

Para los nietos. Con todo, la mayor víctima de ese pánico irracional por la seguridad son los niños mismos. Desde ese pequeño de catorce o quince meses a quien no se le suelta de la mano "porque se puede caer" (¡claro que se va a caer! ¿Conoce alguien a un niño que no se haya caído cuando está aprendiendo a caminar? ¡Todos los niños se han caído, todos se caen, todos se caerán!), pasando por ese de siete u ocho años a quien no se le deja subir al columpio o al pasamanos "porque se puede caer", hasta el jovencito de trece o catorce años a quien su abuela debe acompañar a la esquina a comprar un cuaderno para hacer la tarea. Son ellos las mayores víctimas de esa angustia injustificada. Debe recordarse que la historia del desarrollo infantil tiene un eje cardinal: el viaje hacia la autonomía. Esa es la misión de los niños y una de sus mayores alegrías ("*¿Viste, abuelo? ¡Ya soy un adulto de cuatro años!*"). Ese viaje a la autonomía que se trunca dolorosamente cuando pretendemos cuidarlos en exceso y los convertimos, en cambio, en inválidos funcionales para la vida.

La transmisión de valores, cultura y tradición

"*¿Qué les legaremos a nuestros hijos? Alas y raíces*" (Confucio).

En todas las culturas, a lo largo de los siglos, los abuelos han cumplido un papel central en la transmisión de cultura, tradición y raíces. Han alimentado la fantasía, despertado la admiración de sus nietos, generado, mantenido y perpetuado los sentidos de identidad y de pertenencia. En palabras de José Saramago, en su discurso de aceptación del Premio Nobel, "… *En aquella edad mía y en aquel tiempo de todos nosotros, no será necesario decir que yo imaginaba que mi abuelo Jerónimo era señor de toda la ciencia del mundo*". Lo anterior debiera convertirse en un afectuoso llamado de atención a todos los abuelos, interrogándonos sobre si, tal vez, hayamos desestimado un poco ese papel vital que la vida nos asignó desde siempre.

El amor, la solidaridad y el sentido de la responsabilidad

De no menor importancia en el posicionamiento contemporáneo de los abuelos en el contexto de las familias, es el sentido natural de la responsabilidad para con los abuelos, el afecto, el cariño, el amor. Más allá del hecho de que estos elementos siempre han estado allí, es una realidad de nuestro mundo contemporáneo que, de trecho en trecho, aparecen imaginarios que se posicionan en el horizonte de toda la sociedad y luego se incorporan en el inconsciente colectivo, a veces como una fuerza poderosa que dirige convicciones y estrategias y moviliza la acción colectiva e individual. Esto ha ocurrido, por ejemplo, en torno a temas de la ecología como el calentamiento global o la preservación de la fauna. Los viejos (eufemísticamente denominados "adultos mayores") han sido objeto de una de esas exitosas movilizaciones. Gracias a ella han ganado posicionamiento, lo que ha contribuido aún más a su presencia activa en el seno de las familias y —por esa vía— a su presencia en la crianza.

Por estas razones, y otras más que se nos escapan para no abrumar en exceso al lector, puede afirmarse de manera contundente que los abuelos están de regreso en la crianza. Desde luego, esta afirmación no es una sentencia en blanco y negro. Más bien hace referencia a un caleidoscopio de opciones vitales en el que se entiende que hay toda suerte de matices particulares, desde unas familias en las que los abuelos tienen alguna presencia marginal en la crianza hasta otras en las que —para todos los efectos prácticos— los abuelos son los criadores, así permanezca la presencia de los padres en la familia.

Ahora bien, ¿es esto una oportunidad o una amenaza?

Capítulo II: La realidad

	1950	1980	2017
Referente	Abuelos	Padres	Padres
Presencia de los abuelos	Presentes	Ausentes	Presentes
"Utilidad" de los abuelos	Referente	Anodinos	Útiles
Armonía de los otros para con los abuelos	Armónicos	Inexistente	Desconfianza
Armonía de los abuelos	Armónicos	Frustración	Desconcierto

Esta tabla ilustra algunas de las realidades fundamentales que han marcado la presencia de los abuelos en la crianza en nuestra América Latina desde mediados del siglo pasado hasta nuestros días. Es, por supuesto, una simplificación extrema de realidades mucho más complejas y profundas, y —como todas las simplificaciones— corre el riesgo de desconocer sutilezas y peculiaridades de los diferentes entornos culturales, regionales y específicos de cada dinámica familiar y de los distintos momentos históricos en los que fue pródigo el siglo XX (vaya... ¡¡qué siglo!!). No obstante, sí creemos que es útil en la medida en que muestra tendencias en las dinámicas que no solo nos permiten entender lo que pasó sino que también —y muy especialmente— nos ofrecen claves para avizorar lo que vendrá y, con esa base, poder diseñar estrategias y aproximaciones que tengan mayor probabilidad de "corregir el rumbo".

Advertencia preliminar, a riesgo de recibir el comentario mordaz "explicación no pedida, culpa manifiesta": un fantasma se pasea "como Pedro por su casa" en este campo de las dinámicas familiares, en especial en el aspecto específico de la presencia de los abuelos en la crianza. El fantasma de la **CULPA**. Existe una tendencia, por desgracia muy generalizada, a analizar los fenómenos de las dinámicas —que son eso, "fenómenos de las dinámicas" (que ayudan a entender las causas, las consecuencias y las opciones de solución)— bajo el prisma de la culpa.

Hagamos entonces explícito que:

a) Cuando la lógica en la que nos situamos es la de la culpa, el desenlace principal, virtualmente obligado, es —para el "culpable"— defenderse, y —para el "acusador"— castigar... Algo que de nada le sirve al niño.
b) Cuando la lógica en la que nos situamos es la lógica de las causas y las consecuencias, el desenlace, virtualmente obligado, es la búsqueda de soluciones.

Resulta entonces obvio que el análisis que sigue a continuación está cimentado en la lógica de las causas y las consecuencias y no en la lógica de las culpas. Los invitamos —de la manera más afectuosa en que somos capaces— a acompañarnos en este análisis de manera desprevenida, decididos a ignorar a ese fantasma de la culpa (propia o ajena) cada vez que asome por los rincones.

De vuelta a la tabla: En 1950 (y de ahí hacia atrás) el referente de los hogares eran los abuelos. Eran el norte que regía los proyectos, los anhelos y las afiliaciones de las familias. El abuelo ejercía de derecho propio el papel de paterfamilias y decidía sin apelación posible. Los mecanismos de contención social prevalentes en la época venían además en su auxilio para asegurar que su voz fuese ley inexorable. La abuela, a su vez, era el núcleo gravitacional de la familia. Su presencia —la mayoría de las veces silenciosa, afectuosa y prudente, pero al mismo tiempo sagaz y visionaria— permeaba todos los espacios físicos, sociales y emocionales. Para 1980, ese papel de referente se ha desplazado hacia los padres. Son muchos los factores que se conjugan —espacios físicos, entornos, globalización, insurgencia juvenil (hasta el fenómeno *hippie*), explosión del conocimiento que hace prescindible lo hasta ese momento sagrado, factores económicos, revolución en los íconos sociales, tamaño de las familias, revolución sexual y muchos más— y generan una espiral irreversible en los imaginarios sociales que conduce inexorablemente a una redefinición de papeles y posiciones dentro de ese sistema complejo, la familia, al cual sucumbe el papel referencial de los abuelos. Para 2017, ese desplazamiento del papel de referente hacia los padres se mantiene. Desde nuestra mirada, así seguirá siendo en el futuro predecible.

Siguiendo con la tabla, y con referencia a la presencia misma de los abuelos, en 1950 podría decirse que los abuelos eran omnipresentes. Por un lado, solían vivir cerca de los hijos y los nietos, de manera que la cercanía física era la norma —los viajes y desplazamientos eran infrecuentes e incluso exóticos. Pero aún en ausencia de la presencia física, la presencia de los abuelos como referente moral y actitudinal, y los imaginarios en torno a esa presencia solían ser tan vigorosos que podía decirse que —aún en ausencia— estaban allí. "Qué diría el abuelo…" o "Si algo detestaba la abuelita…" eran sentencias lapidarias que con frecuencia zanjaban toda discusión, desterraban ilusiones y aniquilaban proyectos. De hecho, los abuelos solían ser omnipresentes… ¡aún después de muertos! Su sombra tutelar gravitaba sobre la familia nuclear y sobre la familia extensa por un tiempo —a veces considerable— después de su partida. Para 1980, y como fenómeno extendido por toda América, aunque con excepciones aisladas o colectivas en algunas regiones, los abuelos "han desaparecido". Las ciudades crecieron y aislaron los grupos familiares, tanto por distancia como por las complejidades de la movilidad. Los ancianos perdieron su funcionalidad social y precipitaron con ello la extinción del reconocimiento del que antaño gozaban. Las diversas manifestaciones sociales y culturales, y la reorganización de los tiempos y cronogramas sociales tornaron anodina la transmisión de la cultura oral, dejando "sin trabajo" a su actor principal.

Las unidades de vivienda se tornan minúsculas, dejando sin espacio físico al abuelo, extinguiendo su hábitat y convirtiéndolo en un estorbo (o al menos en algo incómodo) para un grupo familiar que —individual y colectivamente— debe "luchar" por el mínimo espacio vital. Las casas de ancianos (con diversos nombres) que antaño estaban reservadas a ancianos abandonados e indigentes, usualmente regentadas por religiosas u otras personas de buena voluntad que entendían esa labor como un apostolado, ahora se tornan cada vez más frecuentes y populares, y se convierten en un obvio recurso para muchas familias. El abuelo entonces, con frecuencia… desaparece. Para 2017, como consecuencia de todo lo expuesto en el capítulo I, los abuelos están de regreso.

¿Para qué sirve un abuelo? Por las razones arriba mencionadas, en 1950 la funcionalidad de los abuelos era la de servir de referente. Para 1980 se han debilitado hasta tornarse virtualmente anodinos el actor y el papel. Se les visita ocasionalmente (a veces excepcionalmente), se celebra su cumpleaños, se les ofrece variable apoyo en sus apuros económicos o de salud, se les regala algo ocasionalmente (¡qué difícil encontrar un regalo adecuado para los abuelos!), pero —para efectos prácticos— los abuelos han perdido toda funcionalidad en la crianza. La mayoría no ha tenido la precaución de mantener vivos sus propósitos, actividades y metas vitales de manera que la soledad y la desesperanza de un horizonte vacío se vuelven la trágica constante. Para 2017 —por las razones arriba anotadas—, los abuelos han recuperado un papel preponderante en la crianza. Por supuesto, en el papel central de cuidadores, pero también extendiendo gradualmente su accionar hacia los apoyos pedagógicos, recuperando el clásico papel de transmisores de cultura, sirviendo de amortiguador emocional en algunos casos…¡e incluso en ocasiones brindando apoyo financiero! Por otro lado, los ancianos contemporáneos se han mantenido laboralmente activos hasta una edad más avanzada (en casi todos los países se ha corrido la edad de jubilación) y ello les permite aportar a sus nietos una mirada más vital, comprensiva y "moderna" de lo que les era posible a los ancianos de 1980. ¡Los abuelos contemporáneos han vuelto a ser útiles!

Entonces, ¿qué implica todo lo anterior para los aspectos afectivo-emocionales?

Examinemos, en primer lugar, este asunto desde la óptica de "los otros" hacia los abuelos. En 1950, esa vivencia es esencialmente armónica. "Todo el mundo sabe" que el referente son los abuelos. Así son las cosas de manera que —aún a despecho de algún malestar ocasional de un miembro de la familia— esa autoridad y ese papel de referentes era reconocido y aceptado por todos; por ello la relación de "esos otros" era —en general— armónica.

Para 1980, como se anotó arriba, los abuelos "han desaparecido". Han desaparecido físicamente en cuanto a que no suelen estar ahí, pero también han desaparecido "de la mente y de los imaginarios" de los demás (¿alguien conoció a los abuelos de Mafalda, ese ícono de los años sesenta y setenta?). Si de manera desprevenida alguien en 1980 registrase durante cuánto tiempo en el día la figura de los abuelos aparece en la mente, los imaginarios, las consideraciones o las preocupaciones de "esos otros" y extrapolara esa operación matemática al resto de la semana, del mes, del año... caería en la cuenta de que los abuelos han desaparecido. No se requiere buscar armonías hacia figuras inexistentes... Eso es exactamente lo que ocurrió en una proporción muy alta de casos.

Para 2017, los abuelos han reaparecido. Tienen un papel definido, deben ser fieles a las expectativas que los padres han depositado en ellos (aunque casi nunca esas expectativas se hayan hecho explícitas)… y el resultado, para una alta proporción, es francamente decepcionante en el sentir de los padres. ¿Cuál es entonces la reacción de los padres hacia los abuelos? Con alguna frecuencia, la desconfianza o, incluso, la agresión: "¡Pero abuela, por Dios…!". Violencia que es agravada porque la desregulación que en muchos casos es la norma en sus nietos, como veremos más adelante, se dirige también hacia ellos, de manera que sufren ese maltrato desde todos los ángulos, y con un agravante demoledor que unos pocos expresan, otros callan pero muchos tienen siempre presente como una perpetua espada de Damocles: "¿Y si no me permiten ver al nieto? ¿Si lo alejan de mí?".

Examinemos ahora este asunto desde la óptica de los abuelos. En 1950, la figura de los abuelos "está en el cielo": son el referente. Para 1980, el abandono, la desesperanza, la soledad y la sensación de "ingratitud" son el pan de cada día. La frustración es entonces el elemento emblemático que marca la cotidianidad de ese anciano.

En 2017 ha vuelto a la acción. Ha vuelto a la vida. Tiene de nuevo una buena razón para levantarse por las mañanas. Tiene un proyecto, un sueño, una misión, ¡de hecho, la más dulce de las misiones, el cuidado de sus nietos! Se aplica a ello con todo el empeño del que es capaz… y con frecuencia fracasa. No puede hacer las cosas a su manera porque es consciente de que son los padres el referente, pero además "porque hoy las cosas se hacen de otra manera". Sus fuerzas y vigor no son los de antaño y por ello en más de una ocasión no logra que su cuerpo obedezca lo que su voluntad y sus propósitos dictan. Las tareas académicas de hoy —para las que supuestamente debería estar capacitado— le son completamente extrañas y naufraga estrepitosamente en ese océano de ecuaciones, postulados, inferencias... y (horror de los horrores) tecnologías. Con respecto a las conductas de sus nietos, la regulación, el respeto, la disciplina y las normas que él conoció en su infancia han sido reemplazadas por algo que él no sabe si es nuevo, a cuyos misterios no logra asomarse, pero con la aterradora sospecha de que las normas simplemente han desaparecido y ¡nadie sabe cómo reemplazarlas o cómo reencauzar el proceso! Intenta entonces ceñirse al libreto.

Llevar a la práctica de la manera más fiel posible las instrucciones e indicaciones de los padres... ¡y el fracaso crece de manera exponencial! —véase *Entre el amor y los límites* de uno de los autores (Eslava, J.)—, lo que le trae de regreso una mayor agresión de los padres... y con frecuencia de sus propios nietos.

El desconcierto es entonces el elemento emblemático que signa la cotidianidad de ese abuelo.

Y ese desconcierto crece exponencialmente cuando el abuelo o la abuela se miran a sí mismos y —pese a que están haciendo el más titánico de los esfuerzos para ser todo lo autocríticos posible— constatan, una y otra vez, que su realidad no es la de esos seres decrépitos y anodinos, como evidentemente son considerados a veces por sus hijos. No se resignan a ser solamente el brazo instrumental (la mayoría de las veces en "oficios menores") de las instrucciones de los padres y entienden —porque es cierto— que tienen una enorme dosis de vitalidad y un gran acervo de conocimientos, actitudes y riquezas que no es justo, ni lógico, ni inteligente, ni amoroso, menospreciar.

En ese sentido, quisiéramos insertar aquí, amable lector, algunas reflexiones sobre la **abuelitud** de una abuela a quien le pedimos ese aporte:

Divagaciones de una abuela en el siglo XXI

María Elena Gorostegui

¿Qué nos pide hoy la sociedad y la cultura a muchas de nosotras que en su momento fuimos jóvenes hippies, *activas militantes de la revolución de las flores? ¿En qué quedó eso de que había que hacer el amor y no la guerra? ¿Qué pasó con la gran revolución de género que caracteriza a la modernidad? ¿Incluyen en eso a las abuelas?*

El imaginario colectivo las visualiza viudas o, al menos, sin vida de pareja, edulcoradas, analfabetas digitales (sus nietos les enseñan) y frágiles. Pero más aún, se espera que no enjuicien, que no impongan normas. "Para eso están los padres", es la respuesta a alguna opinión sobre el tema de la crianza. El modelo no se ha modernizado, pero en el imaginario privado de cada una de nosotras, al menos en el mío, la Francesca de Los puentes de Madison, *las abuelas voladoras y, qué decir, las Abuelas de la Plaza de Mayo, sí ocupan un espacio privilegiado.*

"¿Cómo era en tus tiempos, abuela?". Me sorprende el "en tus tiempos". ¿Es que estos no son también nuestros tiempos? Parece que no. Pero intento responder a la pregunta construyendo puentes de palabras y recuerdos entre el entonces y el ahora. Visto así, no es una empresa pequeña, se trata también de construir futuros. Una forma de comenzar es desclasificando imágenes de la memoria familiar, de esa cuyas imágenes están cuidadosamente guardadas en los viejos álbumes de fotografías, la mayoría en blanco y negro.

Pienso que este puede ser un buen momento para reflexionar sobre mi aporte a este libro. ¿Qué pasaría si divagara sobre las abuelas que han logrado cierto estatus literario: en los cuentos clásicos, en las novelas, en los personajes de historietas y en las películas? El mito de las abuelas y los abuelos en los cuentos clásicos y en la literatura en general me inspira. Podríamos revisar algunos ejemplos y el ideario colectivo sobre la **abuelitud**. Podría ser una manera de reflexionar sobre el tema desde la cultura, en la medida en que el ser abuelo se inserta en la lógica, en el discurso, en la significación social y en el papel de los adultos mayores en la vida. Se podría empezar por ahí. Veamos algunos.

La abuelita de Caperucita Roja

Al parecer, no soy una abuela clásica. Para empezar, no me gusta que me llamen abuelita: me recuerda a la de Caperucita, una de las pocas que aparecían en los cuentos de hadas y princesas que leía en mi niñez, cuando me identificaba con Caperucita, ¡cómo no! En aquellos tiempos, además de identificarme y sufrir con las desventuras de todas las princesas de los cuentos y de soñar con castillos, me identificaba con la dulce y obediente Caperucita. Claro que ahora, si fuera el caso, irremediablemente tendría que identificarme con el papel de la abuelita, o me asignarían el de ella. Caperucita Roja, *cuento clásico de los hermanos Grimm*, recoge la tradición oral del relato de la niña *que lleva comida a la abuela enferma que vive sola en una casita en el bosque, rodeada de peligros. La abuela que es comida por el lobo, que se mete en la cama con ella en su panza, pertenece al ideario colectivo de los que leímos el cuento, como también la abuelita, postrada y sola, esperando que le lleven comida. Situación precaria la de la abuelita, presente ya en la tradición oral de los cuentos, en el siglo XVII. De todas maneras, la presencia de la abuela, aunque importante, es breve, ya que rápidamente es reemplazada en el lecho por el lobo. ¿Qué lecturas, cuentos e historias alimentan las fantasías de nuestros niños hoy? Sin duda los más pequeñitos aún disfrutan de la lectura de los cuentos de nuestra infancia, pero pienso que lo que más les atrae es el hecho de que alguien querido se siente a los pies de su cama y les lea un cuento. No me imagino en este momento cómo podría frenar la algarabía de la televisión, las tabletas y los móviles para leerles* El Gato con Botas *o* El Flautista de Hamelin. *Quizá leerle un cuento a un niño deba tener un espacio de intimidad, silencio y paz que preceda al sueño, y a los sueños, y escuchar con los ojos cerrados para que las palabras creen mundos reales en la imaginación del niño.*

(Continúo divagando, un poco ajena a lo que ocurre a mi alrededor mientras, al parecer, habría cierto acuerdo entre los niños en ver una teleserie de la tarde, cuyos despropósitos no comprendo y, espero, ellos tampoco. Hojeo un bello ejemplar del Quijote *que sobresale en el estante).*

El inmortal Don Quijote de la Mancha

Punto aparte me merece el maravilloso Don Quijote de la Mancha, *que alcanzo a ver en el estante desde donde estoy sentada. Haciendo un parangón muy arbitrario, por cierto, entre los cuentos de hadas y los libros de caballería, ¿no fue acaso encantado él mismo por los cuentos que leía sin parar? Al igual que le sucedía a don Quijote,* la realidad y la ilusión de nuestra niñez se superponían, se mezclaban, se enriquecían la una a la otra. No es menor el momento en el que don Quijote se retracta al final del libro, habiendo recobrado la razón y su nombre: Alonso Quijano, el Bueno, y habiendo reconocido que su realidad es la que vive y no la que sueña. Ese quizá sea el momento más dramático del libro, momento comparable con la pérdida de la inocencia, con el reconocimiento de que las hadas y los príncipes no existen, que Blancanieves no es Blancanieves, que Dulcinea no es Dulcinea, que no hay vejo Pascuero, que las guaguas no vienen de París a bordo de la cigüeña. Don Quijote renuncia a sus sueños y muere. Su realidad eran sus sueños.

Los cuentos de caballería de hace cinco siglos, las doncellas que vagaban indefensas por los bosques, los caballeros que las protegían y los magos que las encantaban tenían su verdad para don Quijote, como también eran de verdad las hadas para nosotras, niñas de mediados del siglo pasado. Digamos que la verdad que el Quijote desprecia —la que le muestran sus ojos, la que le ofrece el sentido común— es una clase de verdad muy vulgar. Como diría Cervantes, la realidad puede ser real, pero no verdadera. Nuestras hadas, nuestros príncipes, nuestras princesas, madrastras malvadas y brujas exóticas en extraños aquelarres no eran tan distintas de las doncellas encantadas, los pastores diversos y orates desenfrenados en los viajes eternos del caballero y su escudero por la Sierra Morena.

Soneto a Helena

¿Cuáles son los íconos que han ido conformando las imágenes colectivas de las abuelas de hoy y a las que se supone que muchas de nosotras tendríamos que ajustarnos? Una abuela que me impresiona hasta hoy —sobre la que leí en el liceo— es la del soneto de Ronsard, en el que ve a su amada (adelantándole lo que sería su vejez) dedicada a *hilar en un rincón oscuro, encorvada, triste, arrepentida, añorando el amor y la belleza perdida.*

"Cuando seas muy vieja, a la luz de una vela y al amor de la lumbre, devanando e hilando… cantarás estos versos… para entonces serás una vieja encorvada, añorando mi amor y tus desdenes llorando".

En ese tiempo estudiábamos francés en el liceo, leíamos a Ronsard en su idioma original y lo memorizábamos. ¿Ocioso? ¡No sé! Debo cuidarme de no caer en eso de que el tiempo pasado fue mejor.

Pero, sin ir tan lejos, ¿qué imágenes de abuelas nos deparan la literatura y los medios hoy?

(Uno de los niños hace zapping, *se detiene un minuto en las imágenes de* Los Simpson, *que aparecen en la pantalla, y prosigue su búsqueda.* Mafalda, *que no tiene abuelos, y* Mona, *la abuela de los Simpson, madre de Homero, ¿por qué no?).*

Mafalda

En el estante, a la mano, un libro de historietas de Mafalda, *el gran personaje de Quino, que se rebela ante una orden de su madre y le pregunta por qué tendría que obedecerle. La madre responde: "Porque soy tu madre". A lo que la niña, genial, responde: "Si es cuestión de títulos, yo soy tu hija, y nos graduamos el mismo día".*

Si hablamos de graduaciones, estudios y títulos, está claro que ni los padres ni los hijos hemos asistido a algún curso que nos habilite para ejercer el oficio. Habitualmente se zanja el asunto recomendando alguna escuela para padres. Pero ¿alguien ha tenido noticia de alguna escuela para abuelos? Habría que agregar que también los abuelos recibimos el título el mismo día que los nietos, sin haber asistido a ningún curso para ejercer la profesión. Más aún, al igual que la criatura, sin que nadie haya pedido nuestra opinión sobre adquirir o no la condición de **abuelitud***. Curioso, en* Mafalda *no aparecen los abuelos.*

La abuela de Los Simpson

Creo que el enorme éxito de Los Simpson, *la muy reconocida y premiada serie televisiva para todas las edades, se explica porque trata de una familia que personifica muchos vicios y virtudes de la sociedad actual. El humor de las situaciones en las que participan los personajes atenúa la crítica, pero no la elimina. Algunos personajes resultan claves en la creación de imágenes colectivas, en la medida en la que representan creencias, estereotipos sociales, héroes, demonios. Ilustran lo que piensa la gente, son creados por el colectivo y luego influyen en los mismos individuos del colectivo que los creó, en un dinámica circular. Es el caso de* Los Simpson *donde, además de la familia completa, padres, hijos, tíos, vecinos y amigos del barrio, hay un personaje que nos interesa especialmente. Se trata de Mona, la madre de Homero. Mona, a diferencia de Abe, el abuelo, es un personaje poco convencional en relación con el papel: activa militante política de los años 60, con ideología* hippie *pacifista y vanguardista, que tuvo que abandonar a su familia para protegerla de la persecución de la justicia de la que ella era objeto por defender sus ideales.*

Por diversos motivos abandona a Abraham Simpson y se relaciona con un par de hippies *primero y, luego, con un buscador de tesoros. Es una abuela que no tiene mucho qué ver con la débil, indefensa y dependiente abuela de Caperucita, que ilustra el mito de la abuelita enferma, acostada y sola, que espera que le lleven la comida en una cestita y se pasa el día tejiendo chalequitos y zapatitos inútiles. Menos aún se relaciona con Helena, la musa de Ronsard a la que el poeta augura tan oscuro destino. Lejos de eso, Mona protagoniza aventuras, incluso la de su fingida muerte. Inteligente, crítica, rebelde para la época, rupturista y desafiante, le hereda su inteligencia a Lisa, la hija segunda de los Simpson. No podía ser de otra manera. Lisa no habría podido heredarla de Marge y mucho menos de Homero, el padre que tiene solo una neurona. Curiosamente, en la historia de la familia Simpson, la inteligencia transita desde la abuela a la nieta, desde Mona a Lisa. ¿Monalisa?*

Abe Simpson, por su parte, fue seleccionado en su momento por los medios como el abuelo para "la familia perfecta de la televisión". Tiene 88 años. Es jubilado. Podría decirse que se trata de un personaje entrañable y reconocible para millones de personas durante las sucesivas temporadas de la serie televisiva.

¿Cómo se presenta este abuelo? En primer lugar es un personaje marginado por su condición de anciano. Vive en una residencia para la tercera edad, irónicamente llamada Castillo del Jubilado de

Springfield (lugar triste y solitario), de donde sale para visitar a la familia en contadas ocasiones. Sus visitas son motivo de chistes y burlas a costa de su comportamiento senil.

Abe cuida ocasionalmente a los niños cuando no hay nadie más que pueda cumplir con esa tarea. No hay más abuelos en la familia. Su papel en la serie se remite a ilustrar la exclusión social que recibe en Occidente la llamada tercera edad. A sus 88 años padece, entre otras dolencias, narcolepsia y demencia senil. Por momentos desvaría.

Debido a la poca o ninguna coincidencia de Mona con una abuelita convencional, el abuelo asume el papel de padre y madre de Homero, manteniendo sucesivamente una relación de protección económica y de lejanía/cercanía afectiva. En la historia representa el estereotipo del anciano que sobra en un mundo joven, dinámico e impredecible, que el anciano dependiente y afectuoso con su familia, siempre soñando con el pasado, no comprende.

¿Cómo leer el Pato Donald*? La abuela Pata*

Gran libro el de Dorfman y Mattelart, que muchos de nosotros leímos en su momento y cuyo contenido y objetivos eran muy distintos de mis actuales divagaciones en busca de alguna abuela para rescatar. Lo cito solo para relevar la importancia que estos personajes tenían para grandes y chicos.

—Niños, ¿conocen al Pato Donald?
—Sí, está en Disneylandia.

Parece que ya no se venden revistas del Pato Donald en los quioscos ni se transmiten los dibujos animados por la televisión. Bueno, pero como en toda familia de la literatura infantil (aunque la familia en este caso sea muy poco convencional) en el Pato Donald hay una *abuela, cuyo papel en la historieta es simplemente el de ser una abuela: la abuela Pata, que luce un moño alto muy grande y unas gafas rectangulares montadas sobre lo que podría ser su nariz.*

Ella no protagoniza ningún episodio, solo aparece preparando unas tortas prodigiosas y unas comidas magníficas. Su actividad, aparte de cocinar, es cuidar a las aves y los animales domésticos, y cuidar ocasionalmente a los niños-patos que deambulan por la granja. Ella es simplemente una abuela, aun cuando no se relacione mayormente con sus nietos (no se sabe si lo son). En síntesis, es un personaje cerrado en el papel, que para los efectos de la historieta no tiene pasado, parejas, maridos, en fin, solo prepara comidas y cuida a los niños para que no cometan demasiadas imprudencias.

(A propósito de imprudencias, ¿qué hacen los niños? Les digo que esperen un ratito para poner la mesa y prepararles tecito. Me miran sorprendidos y me dicen que ya sacaron yogures de la nevera, les echaron algo como cereales y se los comieron. Sin duda, en ese momento, yo estaba divagando. Los envases vacíos dejados por ahí son una prueba de que las cosas sucedieron como dicen).

¿Qué hay de los abuelos en la gran literatura?

Ancianos, viejos; a primera lectura, no son muchos los abuelos que sobresalen en la literatura. No obstante, sin duda los hay notables. Por ejemplo, un cuento clásico alejado en la geografía y en el tiempo: El abuelo y el nieto *de León Tolstoi. Siglo XIX. Tolstoi construye una nueva versión de la historia, pero manteniendo su esencia. Se trata de un cuento recogido desde la tradición oral alemana y europea por los hermanos Grimm en el siglo XVIII.*

La descripción del anciano en ambas versiones es la misma:

"Un hombre muy anciano, cuyos ojos no veían claro, sus oídos escuchaban débilmente, sus rodillas temblaban y sus piernas apenas lo

sostenían. Cuando se sentaba a la mesa casi no podía sostener la cuchara y derramaba el caldo sobre el mantel".

Sigue la historia, entregando al niño la misión de compadecerse del viejo y darle un lugar en la mesa.

De alguna manera sigue vigente y activa en las imágenes y creencias colectivas la idea del abuelo, o la abuela, limitados en sus capacidades, con problemas para ver, desplazarse, alimentarse, escuchar... dependientes y excluidos, dignos de lástima. Han pasado ya tres siglos y, a pesar de eso, la vulnerabilidad, la dependencia, la ingratitud y, por qué no decirlo, la burla y la discriminación (a veces) habitan los espacios de los viejos. Pero esos no son los viejos que quiero que transiten por mis divagaciones en este momento.

El viejo y el mar

No obstante, hay momentos destacados en la literatura, en los que la relación entre un anciano y un niño adquiere tintes notables, insuperables, que, en perspectiva, destacan del conjunto. Por ejemplo, la relación entre un viejo pescador, Santiago, y un niño, Manolín, en la obra maestra de Hemingway, El viejo y el mar. *Saco el libro del anaquel y lo hojeo:*

El viejo es Santiago, hombre solitario, curtido por la vida, por el mar y por las inclemencias del tiempo, que le habían dejado innumerables arrugas, cicatrices y manchas. "Todo en él era viejo, salvo sus ojos, que tenían el mismo color del mar y eran alegres e invictos. En ellos brillaba la resistencia y el desafío". Al niño se le había prohibido salir a pescar con el viejo porque, según sus padres, tenía mala suerte: llevaba 84 días sin pescar nada. Sin embargo, el niño cree en el viejo pescador.

En su última batalla, el viejo sale solo y atrapa un gran pez, luego de varios días. No obstante, no puede traerlo de regreso. Lo ata al costado de la barca, pero su trofeo es devorado por los tiburones en el camino a casa. Llega solo con la cabeza y el enorme espinazo atado al costado de la embarcación. Es su última batalla y la pierde. ¿La pierde realmente?

Enfermo y postrado es visitado por Manolín —el niño que lo admira—, quien insiste en que se mejore y lo lleve a pescar.

"—El mar es muy grande y un bote es pequeño y difícil de ver —dijo el viejo, notando lo agradable que era tener alguien con quién hablar en vez de hablar solo consigo mismo y con el mar.

—Te he echado de menos —dijo—. ¿Qué han pescado?

—Uno el primer día. Uno el segundo y dos el tercero.

—Muy bueno.

—Ahora pescaremos juntos otra vez.

—No. No tengo suerte. Yo ya no tengo suerte.

—Al diablo con la suerte —dijo el muchacho—. Yo llevaré la suerte conmigo.

—¿Qué va a decir tu familia?

—No me importa. Ayer pesqué dos. Pero ahora pescaremos juntos porque todavía tengo mucho qué aprender".

El niño le pide que lo espere, que se cuide y que él le traerá medicinas, comida, una camisa limpia y el periódico.

—Tiene que ponerse bien pronto, porque usted puede enseñármelo todo.

Le pregunta si ha sufrido mucho. Bastante, responde el viejo. Al salir y descender por el camino, el niño iba llorando.

Al parecer, una vez más, la vejez ganó por masacre, pero la lucha del niño y del viejo (no necesariamente su abuelo) por vencer sus leyes, bien valió la pena. Bien vale la pena cumplir el mandato bíblico, la gran tarea de enseñar a los niños.

(Prosigo mis ensoñaciones y recuerdos, mientras escucho a los niños conversando a la sordina, pero ahora pienso en abuelas de carne y hueso).

Las Abuelas de la Plaza de Mayo

¿Qué decir de estas abuelas? Mejor aún, ¿qué nos dicen estas abuelas? Grandes ellas, han sido nominadas cinco veces, nada menos que al Nobel de Paz. En 2011 recibieron el Premio Félix Houphouët-Boigny, con el que la UNESCO reconoce su trabajo en materia de Derechos Humanos.

Abuelas refugio de la memoria que irremediablemente olvida aquello que duele. Abuelas que quizá olvidan lo que el cliché repite incansablemente: apagar la cocina, dónde dejaron las llaves, qué estaba diciendo, el nombre de alguien... pero que no olvidan lo esencial, lo urgente, lo importante. Son abuelas de hoy, que al igual que el caballero don Quijote están dispuesta a pelear contra los gigantes, contra los magos y los brujos que esconden sus tesoros, que los hacen desaparecer. Ellas, sin armas, han recuperado y salvado a más de la mitad de los niños que buscaban y han vencido, largamente, en la más desigual de las batallas.

Nos enorgullecen como mujeres, como madres y como abuelas.

Las abuelas voladoras

Pienso en dos mujeres que han pasado a constituir lo que para mí son verdaderos imitabilis. *Me refiero a las abuelas voladoras, reconocibles así, como las abuelas voladoras, más que por sus nombres propios. La noticia, cuyas protagonistas eran dos señoras frisando los 60 años, no tardó en ser tema de comentario obligado. Por lo inusual, sin duda. Por lo sorprendente, porque nadie se imagina que eso pudiera ocurrir. No por el viaje con tan precarios medios, sino porque las voladoras eran dos abuelas.*

"SANTIAGO.– Pasadas las 20 horas arribaron al país, procedentes del Perú, las pilotos chilenas María Eliana Christen y Madeleine Dupont, luego de finalizar su travesía, que comenzó el 9 de marzo.

Las 'abuelas voladoras' iniciaron su viaje de regreso el 1.º de mayo a través del círculo polar ártico, desde Ginebra, Suiza, luego de un viaje de 31 000 kilómetros, 150 horas de vuelo y con un gasto de 100 000 dólares estadounidenses".

Emulando a los aventureros de antaño, Madeleine y María Eliana culminaron así un viaje largamente esperado y planificado. En el momento de cumplir su maravilloso y arriesgado sueño, su hazaña increíble, entre las dos reunían 8 hijos y 7 nietos.

"Durante el cruce transatlántico, las pilotos, en su pequeño avión monomotor (Beechcraft Bonanza F–33 A de cuatro plazas, con hélice de triple ala, llamado 'Juliet', fabricado en 1981), hicieron escala en Porto Alegre (sur de Brasil), Natal (norte de Brasil), Cabo Verde (archipiélago en el océano Atlántico) y Cascais (Portugal). Luego hicieron escala en Madrid, Lyon y, finalmente, Ginebra, cruzando los Alpes a 8000 pies de altura, con un cielo cubierto, por lo que en la última etapa debieron volar con instrumentos".

Nuestro homenaje para ellas.

Frente a esta cruda realidad que muchos (no todos, por supuesto, ni en la misma magnitud) padecen, ¿qué hacer? ¿Cómo volver a diseñar el matrimonio padres-abuelos para la crianza para que sea una fuente de gratificación y éxito para todos? ¿Cómo ajustar ese nuevo diseño a las realidades del siglo XXI, pues es claro que 1950 no volverá?

Capítulo III: El manual de convivencia

Las escuelas enfrentan una situación peculiar:

1. Existen varios actores, cada uno de ellos con sus propias miradas e intereses, pero dentro de un contexto común.
2. Existe un norte definido. La escuela ha hecho explícitos sus valores fundacionales, sus horizontes, sus metas.
3. Existen tareas concretas y bien definidas para cada uno de los actores.
4. La interacción cotidiana debe tener un marco normativo para que sean posibles la convivencia armónica y el logro de los objetivos.
5. Ese marco normativo es sui géneris ya que, por un lado, debe ser un vehículo de crecimiento constante para los individuos y la comunidad como un todo y, por otro lado, debe apoyarse en acciones contenedoras, valorativas y afectivas más que en acciones punitivas.
6. Este marco de interacción contenedora y amorosa, al tiempo que normativa y regulatoria, se basa —en esencia— en una confluencia de acciones desde la confianza, a partir de *papeles* bien definidos de los distintos actores. Es un acuerdo de buena fe con consecuencias prácticas sobre la vida cotidiana.

Las escuelas han encontrado una herramienta que permite enfrentar esta peculiar situación: **EL MANUAL DE CONVIVENCIA**.

¿No encuentra usted, amable lector, que esta figura del manual de convivencia empleado en las escuelas podría ser el vehículo perfecto que armonice el matrimonio PADRES-ABUELOS para la crianza?

¿Podríamos hacer explícitos una serie de valores, conceptos, estrategias, acciones, expectativas y límites que ofrezcan a todos un piso firme para la crianza? ¿No sería posible que frente a una situación particular (una feroz pataleta de Valentina porque no se le compró el juguete de la vitrina, un apoyo para la tarea de Matemáticas de Nicolás, el pedido de recoger a Mariana en la escuela, porque la madre debe quedarse más tiempo en el trabajo; hecho que coincide con otra ocupación del abuelo, la aceptación o negativa frente a una petición de helado por parte de Carlos José, la exigencia de apagar el TV a la hora señalada, que obviamente no cae nada bien a Josefina, los límites en el uso del iPad o el móvil para Juan Camilo, la complicidad de la abuela cuando Renata pretende explorar los límites de su autonomía) todos, tanto padres como abuelos, tuvieran una razonable claridad acerca de cuál es la posición y respuesta que aplica en ese caso particular para esa familia en particular?

Desde luego, no es posible que los padres y los abuelos puedan prever todos los eventos que podrían ocurrir, pero sí es posible y deseable tener claridad —y compartirla— sobre los fundamentales, para poder aplicarlos de manera autónoma en cada caso particular.

Estos son los fundamentales que —al hacerse explícitos— se constituyen en el MANUAL DE CONVIVENCIA para el matrimonio padres-abuelos para la crianza.

Capítulo IV: Contenidos
del manual de convivencia

Por supuesto, cada familia es particular y los acuerdos a los que se llegue en una familia son particulares para ella y… sin lugar a dudas, válidos. A título de ejemplo, los autores quisiéramos señalar algunos de los que consideramos fundamentales para ese manual de convivencia. No tenemos, desde luego, la pretensión de que esos elementos sean universales, sino tan solo que sirvan de ejemplo de cómo podrían organizarse los fundamentales que cada familia considere pertinentes. Además de esto, los autores pretenden compartir con el lector los aprendizajes que han acumulado en una larga trayectoria académica, profesional y experiencial.

"Los padres crían, los abuelos malcrían"

No. ¡Decididamente no! Encontramos inaceptable esa afirmación. No es posible que los abuelos, que saben mejor que nadie qué le espera a ese niño malcriado, puedan considerar aceptable malcriar a su nieto o, peor aún, ¡¡enorgullecerse de ello!! Infortunadamente viene haciendo carrera considerar válida esa tolerancia y complicidad. Se ha llegado a tal punto que patrones anómalos, que conducen a la desregulación infantil, se consideran aceptables, inocuos, divertidos e incluso fuente de orgullo: "Mi nieto, tan adelantado; si vieran lo que hizo ese bandido...".

Si alguien sabe bien las consecuencias de esa desregulación son los abuelos que han visto desfilar por esa película a una enorme cantidad de muchachos (incluso cercanos a ellos... ¿tal vez un hijo?). Pero —por si hiciera falta recordarlo— hagamos explícitos algunos de esos desenlaces:

1. La alarmante frecuencia con que pequeños niños de jardines infantiles son enviados a evaluación profesional porque su conducta disruptiva, oposicionista, desafiante y agresiva resulta inmanejable para sus maestros.
2. La "epidemia" que crece de manera exponencial del así llamado "déficit de atención" en niños de todas las edades, muchos de los cuales (¿la mayoría?) son solamente niños desregulados. Lo anterior no implica que no exista esa condición ni que quienes la tienen no requieran apoyos profesionales y —en ocasiones— medicación apropiada. Pero sí parece evidente que esa categoría se está convirtiendo en un cajón sin fondo que mezcla una enorme cantidad de situaciones, en donde, tal vez, el mayor "contribuyente" sean esos niños que "gozaron" del "amor y comprensión" de sus padres y abuelos solo para venir a pagar las consecuencias en su propio pellejo —¡y de qué manera!—, algunos pocos años más tarde. El lector que desee profundizar en el tema puede consultar algunas de las múltiples citas disponibles en la web, entre ellas las de Allen Frances, director de la *Versión IV del manual de psiquiatría estadounidense – DSMIV*.

3. La invalidez espuria —en ocasiones severa—, en la que se consumen muchos de estos niños, como consecuencia de un precario desarrollo de sus **"funciones ejecutivas"**. La explicación detallada de este problema desborda los alcances de este libro. Baste decir aquí que esas "funciones ejecutivas" son como un pequeño duende dentro de nuestra cabeza que nos va indicando el paso a paso en cualquier tarea, desde levantarse por la mañana y prepararse para ir a la escuela, pasando por cómo se hace una tarea en la casa al regresar de la escuela o cómo se prepara la cena para la familia hasta cómo se maniobra un avión en una tormenta. A ese desarrollo de funciones ejecutivas concurren tanto factores biológicos "intrínsecos", como elementos aprendidos en la crianza cuando yo —como niño— ME VEO OBLIGADO a hacer algo en una secuencia determinada y debo repetirlo una y otra vez hasta que se interioriza, no solo esa acción en particular, sino el hecho mismo de que existen esos "paso a paso" y que debo incorporar esa estructura en mi arquitectura neuropsicológica particular, así en ocasiones prefiera mantenerme en mi zona de confort y "obligar" a otros (¿los abuelos, por ejemplo?) a convertirse en ese "duende" periférico que me hace todo, que me excusa todo, que me permite todo.
4. El creciente fenómeno del matoneo (incluyendo el ciberacoso) y la violencia escolar. Muchas escuelas contemporáneas han identificado esta como su amenaza cardinal y han tenido que diseñar múltiples estrategias para enfrentarlo, con resultados decepcionantes —y dolorosos— en muchos casos. En este contexto puntual, nos parece pertinente hacer un señalamiento explícito. Contrario al imaginario popular, el matoneo NO ES un problema de las escuelas, es un problema de los hogares. El matón

ciertamente ejerce en la escuela y la victimiza. Sin embargo, no se formó en la escuela, se formó en los hogares. Y el responsable de esa "creación" no fue la escuela, con sus docentes y autoridades. Lo fueron los padres y abuelos que encontraron aceptables, inocuas, divertidas e incluso fuente de orgullo las manifestaciones de desregulación de ese niño, como arriba se dejó consignado.
5. El catastrófico incremento de la delincuencia infantil y juvenil en todo el continente. En la Sexta Cumbre de la Asociación Colombiana de Alcaldes se denunció que el 65 % de los delitos son cometidos por menores de 18 años; en promedio entre 60 y 70 menores de edad son capturados a diario por las autoridades. En Chile, durante el periodo 2008-2014, ingresaron al Ministerio Público 362 429 delitos cometidos por adolescentes. Esta cifra representa el 8 % del total de ilícitos con imputado conocido durante ese periodo.

¿Qué ha alimentado entonces —a despecho de la sabiduría ancestral y las crecientes evidencias contemporáneas— ese creciente imaginario popular proclive a la permisividad, a la tolerancia y a la desregulación? Los autores de este libro coincidimos en una convicción: los niños, la infancia en general, han conseguido mayor visibilización, posicionamiento, respeto y valoración del que nunca antes gozaron en la historia de la humanidad. Coincidimos —de manera radical— en el apoyo a ese cambio en favor de los niños. Nos felicitamos y enorgullecemos de que a nuestros hijos y nietos les haya tocado en suerte un mundo en el que los niños reciben ese reconocimiento, respeto y valoración. Creemos en la importancia de erradicar el maltrato infantil, en registrar y valorar la voz de los niños y ayudarlos a crecer en autonomía.

Infortunadamente, es posible que una interpretación colateral perversa de ese reconocimiento conduzca a algunos a creer que ello implica tolerancia, sobreprotección, permisividad, en fin, convertir al niño en un pequeño "***emperador de la galaxia***", a quien todo se le permite y todo se le excusa. Desde esa visión, firmeza se identifica como "maltrato", exigencia como "tortura", autoridad como "despotismo", y todo ello conforma el escenario ideal para que "de buena fe" (y recordar aquí que de buenas intenciones está empedrado el camino al infierno) el adulto (y ello incluye a los abuelos) abandone su papel de ayudar al niño a crecer en una pedagogía de los límites que lo haga más armónico para hoy y para mañana.

Aquí es menester recordar que uno de los capítulos más perniciosos (pero con frecuencia ignorados) del maltrato infantil es la negligencia:

1. La madre que deja a su hijo abandonado es culpable de maltrato por negligencia.
2. El padre que no cumple con su cuota alimentaria después de un proceso de divorcio es culpable de maltrato por negligencia.
3. El adulto que —pudiéndolo evitar— no evita que un pequeño se lance a la avenida y sea atropellado por un auto es culpable de maltrato por negligencia.
4. Los abuelos que construyen un pequeño "***emperador de la galaxia***", quien después debe cargar con esas consecuencias, son culpables de maltrato por negligencia.

Desde esa lógica perversa arriba referida, cuando un abuelo o una abuela considera que debe intervenir para ayudar a su nieto a crecer en la pedagogía de los límites, y el niño actúa para mantenerse en su zona de confort (lágrima con suspiro, lloriqueo, pataleta, insulto, agresión, etc.) es frecuente que el abuelo "se amarre las manos" (en sentido figurado), con lo cual lleva al niño dos mensajes contundentes:

1. Él (el niño) puede hacer lo que desee.
2. Él (el niño) es la figura de autoridad en la casa.

¿Por qué "se amarran las manos" los abuelos? Porque en ese momento en el que el niño "ejerce" aparecen uno o varios fantasmas:

1. *El fantasma del maltrato infantil.*
2. *El fantasma del despotismo y el autoritarismo.*
3. *El fantasma del "qué dirán los padres".*
4. *El fantasma del "qué dirán los demás".*
5. *El fantasma de que "tal vez eso les robe el afecto y cariño de su nieto".*
6. *El fantasma de "no ser todo lo modernos que debieran".*

Frente a esos fantasmas:

1. *El fantasma del maltrato infantil.* Firmeza sí, maltrato, claro que no, ¡de ninguna manera! Los golpes (en todas sus modalidades) están proscritos. Debe recordarse que los "golpes emocionales" (insultos, descalificaciones) pueden ser tan terribles e inaceptables como los "golpes físicos". Los castigos y premios son, con mucha frecuencia, recursos muy ineficientes. Frente a ello, la afirmación calmada y serena, pero firme e irrevocable (irrevocable hasta el cumplimiento efectivo) suele ser la mejor herramienta.
2. *El fantasma del despotismo y el autoritarismo.* ¿Obedece la consigna emitida por los abuelos a una motivación real,

razonablemente objetiva, que consulta de verdad los intereses del niño? O, por el contrario, ¿esa consigna es —si uno medita sobre ello— el producto de un momento de ofuscación del abuelo, de una terquedad irracional de este o de un estado emocional? Si es lo primero, adelante, sea firme, sin debates ni contemplaciones. Si es lo segundo, su amor de abuelo debería ayudarlo a entender que no ha lugar.

3. *El fantasma del "qué dirán los padres"*. Ese es precisamente el sentido y la importancia del "manual de convivencia". Si en un momento de serenidad y afecto, relajado, distensionado, no presionado por la pataleta que acaba de ocurrir, la discusión (¿tal vez en tono fuerte?) entre padres y abuelos sobre alguna acción concreta, o el reporte acusador que acaba de llegar de la escuela, los padres y los abuelos se han puesto de acuerdo en las pautas fundamentales de crianza, si esos acuerdos han puntualizado acerca de cuál es el nivel de firmeza deseable o aceptable por los padres, cuáles son las "líneas rojas" que los abuelos no deben cruzar, pues los padres prefieren que ese aspecto en particular sea de su exclusiva competencia, en fin, si ese acuerdo explícito existe, los abuelos estarán pisando en terreno firme a la hora de decidir sobre cuáles elementos intervenir (y cuáles dejar "en el tintero") y con cuánta firmeza hacerlo. Eso exige que el abuelo entienda (y acepte sin refunfuñar) que hay espacios que no son suyos y no desgastarse emocionalmente con ellos. A los padres también les exige entender —y aceptar— que los abuelos tienen ese espacio de autonomía, que deben recibir (¡¡y cómo se lo han ganado!!) ese voto de confianza y que —si requieren del apoyo de los abuelos para la crianza— eso no los convierte en los patrones del abuelo ni a este en

empleado abyecto expuesto permanentemente a su crítica, regaño o desaprobación. Lo anterior no significa que el "manual de convivencia" sea inmutable y que alguna experiencia desafortunada no sea motivo válido para reformular dicho manual. Pero si se llega a ello, debe ocurrir en algún momento lejano del episodio en cuestión (lejano en el tiempo, pero también de la efervescencia emocional), en un espacio propicio y distensionado, y no como un reclamo airado que convierta el "manual de convivencia" en una colcha de retazos al vaivén de los impulsos emocionales de los padres o los abuelos. En este, como en muchos otros temas, el aforismo "en frío… nunca en caliente" es consejero sabio.

4. *El fantasma del "qué dirán los demás".* Pero ¿qué pueden decir quienes contemplan a una abuela que en compañía de dos o tres nietos pasea sin angustia por el centro comercial, que se sienta con ellos en cualquier restaurante o cafetería, que pasea con ellos por el parque, que los acompaña a la cita del pediatra, todo ello en un marco de alegría, de respeto, de afecto, lejos del fantasma de la pataleta, de la grosería, de la vergüenza? Solo pueden despertar admiración… y envidia. Pero como muchas otras cosas en la vida (y los abuelos ya deberíamos haberlo aprendido) "no hay almuerzo gratis". Para conseguir estos frutos es necesario sembrar, y esa siembra a veces exige firmeza, así haya que pagar el precio de alguna expresión ocasional de malestar por parte del niño… ¡Incluso si algún extraño está por ahí y presencia el episodio!
5. *El fantasma de que "tal vez eso les robe el afecto y cariño de su nieto".* No. ¡¡Categóricamente no!! Si algo atesoran los niños es esa figura firme, confiable y vigorosa que les permite sentirse libres y seguros dentro de los marcos y límites prefijados; que los pone a salvo de sí mismos; que les ahorra el dolor y el malestar del lloriqueo y las pataletas constantes (¿o es que alguien cree que los niños disfrutan el lloriqueo y la pataleta?), que son predecibles; que les permite correr y saltar y reír por la vida, porque hay alguien firme que se encarga de todo lo demás; que les ahorra vivir "a la defensiva y al ataque permanentes" frente a los otros niños porque hay unas normas de justicia y rectitud que se sabe que existen y que se hacen cumplir; que les permiten ser niños.
6. *El fantasma de "no ser todo lo modernos que debieran".* ¡Claro que los abuelos somos viejos! No tenemos que estar a la última moda en el vestido, en el maquillaje, en el

auto... ¡o en la crianza! Debemos entender y respetar los patrones de crianza que los padres han fijado (ver siguiente sección), pero no por ello nuestras acciones deben convertirse en patéticas caricaturas de lo que no somos. Actuamos desde nuestro saber, desde nuestra experiencia, incorporando aquello que nos demuestra validez, pero sin el ciego sometimiento a la última tendencia de las redes sociales, obligados a regir nuestra conducta por la cantidad de "me gusta" que acumule el último *meme* viral que apareció en las redes e Internet.

El referente en el hogar son los padres, no los abuelos

La organización social es radicalmente vertical. Está signada por relaciones de dominación y vasallaje que señalan de manera incontrovertible el origen y la fuente del poder. Lo anterior conduce a una acumulación de los bienes en cabeza de quien detenta ese poder.

A medida que van llegando nuevos miembros a la familia —bien porque los hijos crecen y tienen a su vez nuevos hijos o porque en ese proceso aparecen los cónyuges de esos hijos— se hace necesario que esos nuevos miembros ocupen un lugar ordenado dentro de esa compleja estructura para que se mantenga la coherencia y la armonía.

Al mismo tiempo, esa estructura se confronta con otras estructuras similares. Se hace necesario fortalecerla para que pueda asumir esa confrontación de manera exitosa, y ese fortalecimiento pasa por aglutinar y consolidar en cabeza de alguien ese poder supremo. Por supuesto, ese "alguien" va surgiendo de manera natural: el que está ahí desde el principio. Es fácil entender, entonces, cómo y por qué va surgiendo y consolidándose esa figura del ***paterfamilias*** que gravita como figura omnipotente sobre todo ese conglomerado.

Esta forma de organización acompaña a la humanidad desde tiempos inmemoriales y llega a su máxima expresión en la estructura medieval. A partir de allí, la extensión hacia otros horizontes, que se concretizó en las estructuras imperiales y empresariales, y la violenta "destitución" de la figura del vasallaje que surge con la Revolución francesa, la democracia y los derechos del hombre, adelgazan cada vez más esa figura preponderante del paterfamilias. Pero, a pesar de todo esto, aún logra mantenerse incólume en el interior de las estructuras familiares y se concretiza con la figura del abuelo.

Ese abuelo que es faro, norte, anclaje, raíz, árbitro y poder omnipresente, que se sabe a sí mismo investido de esa posición y es reconocido por los demás en ella. Ese abuelo que continúa perpetuando —"en pequeño"— en el imaginario del inconsciente colectivo de las familias esa estructura del paterfamilias hasta bien entrado el siglo XX.

Hacia la segunda mitad del siglo XX, esa estructura "ya no va más". El avance de las concepciones democráticas y los consecuentes cuestionamientos a las estructuras del poder, la evolución de las fuentes de producción y de ingreso, la movilidad social y geográfica, la radical y masiva urbanización de los conglomerados humanos, la revolución sexual, el creciente acceso al bienestar y la seguridad para todos, como nunca antes conoció la humanidad, entre otros muchos factores, se confabularon para darle "el puntillazo final" a esa figura del paterfamilias.

El abuelo deja entonces de ser el referente en las familias.

Tal y como se explicitó al inicio, la posición de referente de la familia ha migrado de los abuelos a los padres. Así es hoy, así será, y nos parece bien que así sea.

a) *Porque corresponde con la realidad.*
b) *Porque es justo con los padres jóvenes (nuestros hijos) y con los niños pequeños (nuestros nietos).*
c) *"Porque la vida no se detiene ni mira hacia atrás"* (tomado de *El Profeta*, de Khalil Gibran).

a) *Porque corresponde con la realidad.* La organización social contemporánea —y la que se ve venir— no requiere de la figura del abuelo como paterfamilias. Es más, parecería incompatible con ella.

b) *Porque es justo con los padres jóvenes (nuestros hijos) y con los niños pequeños (nuestros nietos).* Nosotros —los abuelos— tuvimos nuestro "cuarto de hora" cuando fuimos padres jóvenes. Ya dibujamos horizontes y acompañamos a nuestros hijos a construir sueños. Ya experimentamos la alegría de verlos crecer y volar en pos de sus sueños. No es justo con nuestros hijos —los hoy padres jóvenes— que les robemos esa maravillosa experiencia. Tampoco es justo con los niños pequeños —los hoy nuestros nietos— que los privemos de esa maravillosa experiencia en que se constituye la construcción de identidad, juegos, imaginarios, sueños y complicidades con sus padres.

c) *"Porque la vida no se detiene ni mira hacia atrás".* Nunca antes la humanidad había conocido una revolución tan intensa y en tan corto periodo de tiempo como la que está sucediendo en este momento, como consecuencia de la combinación de la revolución sexual, la tecnología digital y de las comunicaciones, la aldea global y sus contradicciones, la redefinición de los valores y de lo trascendente, etc. Si nadie puede considerarse a sí mismo como bien preparado para ser tutor en ese contexto novedoso... ¡¡los abuelos menos que nadie!!

Así pues, el referente en las familias contemporáneas son los padres, no los abuelos... y nos parece bien que así sea.

Los abuelos somos el plan B

Ahora bien, los abuelos somos el plan B, un plan B que, no por ello, es menos respetable e importante. Un plan B que exige un reconocimiento explícito y un lugar digno dentro de la estructura familiar.

Si los padres —como antes quedó dicho— necesitan de los abuelos para que los apoyen en la crianza, no significa que estén autorizados a creer que estos están ahí como empleados para cumplir esa labor y obedecer sus instrucciones.

¡Los abuelos tenemos derecho a tener —para con nuestros nietos— nuestra propia agenda! Tenemos derecho a establecer la manera como nos relacionamos con nuestros nietos: los tiempos, los ritmos, las latencias y las escuchas. Tenemos derecho a definir la manera en la que jugamos con ellos y en la que construimos complicidades. Tenemos derecho a que los tiempos, las oportunidades y las acciones que se requieran para ello sean respetados, entendiendo que ello no puede autorizar la invasión de los tiempos y espacios de los padres. Tenemos derecho a nuestra propia y peculiar manera de establecer los límites y las normas, y a llevar a cabo las acciones concretas a las que haya lugar, siempre dentro de las directrices que los padres han fijado, y que hemos hecho explícitas con ellos.

Los niños están ahí para la crianza, no para ser juguete de la abuela

"Abuela, aquí te traigo a Marianita para que te entretengas". Dicha frecuentemente con "sospechosa ternura", es hoy una frase corriente. Examinémosla con el simple recurso de invertirla: A Mariana (hoy una mujer adulta y con las ocupaciones propias de cualquiera de ustedes, queridas lectoras) le llevamos el abuelo y le decimos: "Mariana, aquí te traigo al abuelo para que te entretengas".

Este sencillo análisis pone de presente la lectura entre líneas que debe hacerse explícita: ¡No! Los niños no están ahí para ser juguete de los abuelos, están para la crianza. Por supuesto que los abuelos gozamos con su presencia, y claro que nos alegran la vida. Ciertamente nos quedamos con ellos de mil amores, suspiramos cuando se han marchado y esperamos con ilusión el momento en que regresen. Pero nada de eso puede hacer olvidar que el elemento central es el apoyo en la crianza y por ello todos estos componentes lúdicos y gratificantes son "colaterales". Prima el supremo interés del niño y ese supremo interés es el de disponer de un adulto responsable que apoye en las acciones de la crianza.

Por otro lado, esa frase, habitualmente, es tan solo un eufemismo que pretende esconder la necesidad —absolutamente lícita, por lo demás— de "desembarazarse de Marianita" para que los padres puedan ocuparse de sus tareas... o incluso para que puedan tener un rato de sosiego, lejos del ajetreo, los gritos y las carreras que suponen la presencia de Marianita.

Los abuelos solemos excusar o incluso generar estas expresiones sin caer en la cuenta de que estamos degradando a nuestros nietos a la condición de juguete, y en el proceso estamos confiriéndonos autorización para malcriarlos, porque

—acorde con el espíritu de la expresión— los nietos no están allí para su beneficio sino para nuestro divertimento y, para este, la firmeza necesaria cuando es pertinente y las expresiones consecuentes de malestar del niño son "estorbos" no deseados que es mejor ignorar.

Así pues, de lo que se trata es de los apoyos necesarios para la crianza, no de llevarles juguetes a los abuelos.

Pero ¿qué es exactamente lo que entendemos por "la crianza"?

Porque en estos supuestos es donde con frecuencia se gestan los malentendidos que terminan en confrontaciones dolorosas entre padres y abuelos. Es importante recordar que cada uno de nosotros tiene sus propios imaginarios sobre estos asuntos y que, además, si bien es cierto que uno de los padres comparte con uno de la pareja de abuelos una historia común, el otro miembro de la pareja ha vivido una historia completamente distinta. De modo que es perfectamente posible —y ocurre con frecuencia— que esto genere imaginarios diferentes (incluso contrapuestos), pero desde la honesta y profunda convicción de cada uno de que "así es como son las cosas y así es como deben ser y todos estamos unificados en esa mirada". El resultado suele ser una pequeña gran tragedia familiar que lesiona a todos, pero especialmente a los niños.

Permítanos presentarle, querido lector, una pequeña lista de algunos de esos elementos de los "porqués" y los "cómos" en la crianza, y algunos ejemplos de cada uno de ellos, con el ánimo de alentarlo a hacer explícitas esas definiciones para el contexto particular y específico de su familia.

¿Para qué la crianza?

- *Para que me cuiden.*
- *Para aprender a quererme.*
- *Para aprender a hacer.*
- *Para aprender a autorregular mi conducta.*
- *Para aprender a construir mis mundos.*
- *Para crear los mejores vínculos posibles con los otros.*
- *Para construir mis lenguajes (lenguaje interno).*
- *Para aprender a amar el aprendizaje.*
- *Para apasionarme con la lectoescritura.*
- *Para insertarme en la tecnología.*
- *Para convertirme en la mejor versión de mí mismo.*

Para que me cuiden. Juan Pablo tiene tres años y va caminando con su abuelo por un sendero del parque. Se cae (sin ninguna consecuencia seria) y su cara empieza a dibujar un lloriqueo. El abuelo:

a) Lo levanta amorosamente en medio del "sana que sana" y regaña al sendero del parque por haber hecho sentir dolor a Juan Pablo.
b) Dice "sacúdete rápido que llegaremos tarde" y sigue su camino sin esperar a Juan Pablo. Más adelante, con gran ternura, le revisa la rodilla y le recuerda que los zapatos deben estar siempre amarrados para evitar esos percances.

Para aprender a quererme. Julián tiene nueve años. Su abuelo lo lleva todos los sábados a la escuela de fútbol. Ese día, Julián corre velozmente de un extremo a otro de la cancha y desde un rincón envía un excelente pase a un compañero que lo desperdicia.

Un poco más tarde, Julián comete un error tonto frente a la portería del equipo contrario y desperdicia un gol. Su equipo pierde. El abuelo:

a) Camino a casa analiza con Julián el partido, y el error que cometió y las consecuencias de este.
b) Camino a casa se detiene en la panadería y pide a gritos "una rosquilla dulce y el jugo preferido de Julián en honor a quien hizo esa carrera de antología de un extremo a otro de la cancha, idéntica a una que hizo Messi en la jornada épica en que…".

Para aprender a hacer. Son las cinco de la tarde, Juliana tiene siete años y se dispone a hacer sus deberes escolares. La abuela:

a) Se sienta en una silla lejos de Juliana (aunque "está pendiente de ella") y le permite hacer las tareas. Solo interviene si Juliana le hace una pregunta.
b) Se sienta al lado de Juliana, la guía permanentemente en el paso a paso de la tarea.

Para aprender a autorregular mi conducta. Es la hora del almuerzo. Sebastián tiene tres años. Le han servido lentejas con picadillo de carne y arroz (uno de sus platillos favoritos). Tiene una pequeña discusión con su hermano y, furioso, tira la comida al piso. La abuela:

a) Le pide con dulzura que no lo vuelva a hacer, le lleva un nuevo plato, le ruega que coma una cucharada más (por la abuelita) y, acto seguido, pacientemente, recoge el estropicio.

b) Le pone su mejor cara "de sargento". Con firmeza (sí ¡con absoluta, innegociable, inapelable y contundente firmeza!) lo obliga (sí, lo obliga) a recoger el estropicio, bien con una orden contundente o incluso, si es necesario, obligándolo físicamente a recogerlo. Sebastián se queda sin almuerzo (sí, pasa hambre) y, por supuesto, sin el postre. Se cancela "el iPad de la abuela" que se había prometido para después del almuerzo. Media hora después, el episodio se ha dado por cancelado y la abuela lo trata con la misma dulzura de siempre, no hace ninguna referencia posterior a él, pero si Sebastián retoma el tema le deja en claro que eso es inadmisible y que ella es una figura de autoridad inapelable.

Para aprender a construir mis mundos. Silvana tiene trece años. Comenta con entusiasmo que quiere ser astronauta. Su abuelo:

a) Hace un comentario displicente sobre los embelecos sin sentido que abundan en la vida contemporánea.
b) Le regala para su cumpleaños (una semana más tarde) una aplicación para su móvil que identifica las constelaciones y las estrellas.

Para crear los mejores vínculos posibles con los otros. Juan Camilo, de cuatro años, está jugando con la nave de *Viaje a las estrellas* de su hermano Matías (ocho años). Aparece Matías y le arrebata el juguete, con lo que se inicia la trifulca correspondiente. El abuelo:

a) Interviene y pone orden inmediatamente, de acuerdo con su particular concepción de las cosas (ya sea a favor de Matías porque es el dueño del juguete o a favor de Juan Camilo porque es el más pequeño, o de ninguno para que aprendan a no pelear), con lo que "regresa la calma al hogar", pero uno de los dos (o ambos) queda resentido y ninguno aprendió nada.
b) Distrae la atención de los niños ("¿Qué le está pasando a ese auto?, ¡llegó el helado!"). Luego por separado —y en un entorno de calma que invite a la reflexión— ayuda a los niños a encontrar mejores opciones a esas situaciones de conflicto.

Para construir mis lenguajes (lenguaje interno). María Lucía tiene once años. En una reunión dominical de familia, su abuelo está comentando con un tío algún incidente de importancia en la vida nacional. María Lucía pregunta por el significado de alguna palabra. El abuelo:

a) La ignora o le da cualquier explicación banal para poder continuar su diálogo con el tío.
b) Contesta con seriedad el interrogante de María Lucía y aprovecha la oportunidad para involucrarla en la discusión y la adecúa (la "desciende") al nivel de complejidad que ella puede manejar, pero sin trivializarla.

Para aprender a amar el aprendizaje. Esteban tiene siete años. Está empezando a dominar las sumas y restas, incluso de dos dígitos. Trae orgulloso su tarea de hoy en la cual —de siete operaciones— hay cuatro errores. Su abuelo, que está absorto frente al noticiero de la TV:

a) Le hace ver con disgusto que hay cuatro errores y sigue viendo el noticiero.
b) Apaga el televisor. Expresa su admiración por la tarea. "Hace el que no ve" los errores; le propone otras operaciones y las presenta como un reto ("con esta sí no me ganas"), y expresa, con su mejor pantomima, su frustración por las derrotas sucesivas que está sufriendo a manos del genio matemático de Esteban. En algún momento de ese mismo día, o de otro, le ayuda a identificar sus errores.

Para apasionarme con la lectoescritura. Paloma tiene seis años. Los niños están leyendo con su abuela un cuento de Navidad. La abuela:

a) Corrige con disgusto los errores que comete Paloma al leer el fragmento que le corresponde.

b) Escucha con atención y seriedad la lectura de Paloma. Impone ante los demás su autoridad para que no la interrumpan y la escuchen con atención o, tal vez, prepara una versión escrita más sencilla que toma en cuenta el nivel de lectoescritura en el que se encuentra Paloma.

Para insertarme en la tecnología. Francisco tiene seis años. Su abuela:

a) Reniega constantemente de la "adicción" de Francisco por los juegos violentos que el iPad le proporciona.
b) Instaló Chocolapps en el iPad de Francisco y lo acompaña todas las tardes a leer (o escuchar o acompañar la lectura, dependiendo del nivel en el que se encuentra Francisco) *El Gato con Botas, Robin Hood*, etc. Se convierte en asidua buscadora de otras opciones similares para el iPad de Francisco.

Para convertirme en la mejor versión de mí mismo. Los abuelos de Santiago (Andrea, Roberto, María José, Mateo, Luciana, etc., etc., etc.) tienen claro que el mejor maestro es el ejemplo. Igualmente, tienen claro que es importante aprender Matemáticas, Inglés o Ciencias Sociales, pero que también hay aprendizajes para lo fundamental, y que esos aprendizajes son eso: fundamentales. ¿Cuáles? El aprendizaje para la felicidad, la alegría, la libertad, la asertividad, la resiliencia, la empatía, la estética, la pertenencia y la pertinencia, y una larga lista de etcéteras. De modo que actúan en consecuencia y son ellos (esos abuelos) quienes perdurarán en el imaginario de sus nietos como los autores de esos preciosos legados que los acompañarán por siempre como una presencia silenciosa y amorosa de quienes tanto los quisieron.

¡¡PARA JUGAR!! Pero si lo reseñado en los párrafos precedentes es cierto en el plano conceptual, en el logístico —en el de la vida cotidiana— todo el quehacer con los niños, en especial con los niños pequeños, se concretiza en una actividad: *¡jugar!*

El juego es la actividad rectora en la infancia, y los abuelos deberíamos mantener esto siempre presente. Cierto es que en la vejez suelen ser preferibles los momentos de quietud, sosiego, silencio e introspección. Pero los abuelos —si hemos de servir como eficaces apoyos en la crianza— debemos hacer explícito ante nosotros mismos que, en esa relación, estamos ahí para los nietos (no los nietos para los abuelos), y —si son los niños el fin último de esa interacción—, el juego está ahí, por derecho propio y en el frontispicio. No es justo que el abuelo se encargue de perpetuar esa figura de anciano huraño, hosco y gruñón, a quien todo —en particular todo lo que es caro a la infancia (correr, saltar, gritar, reír, jugar)— fastidie o repugne. No es justo que nuestros niños deban ser niños **a pesar** del abuelo; cuando deberían serlo, por supuesto, con la complicidad del abuelo. ¡Gracias al abuelo!

Por otro lado, el hecho de que en la vejez suelen ser preferibles los momentos de quietud, sosiego, silencio e introspección es, en efecto, un hecho. Los padres deben reconocerlo y respetarlo, lo cual obliga a dejar espacios de sosiego para los abuelos, que serán expuestos más adelante cuando discutamos las necesidades emocionales de los abuelos.

Los abuelos son coherentes

"Adquirido en el curso de experiencias sucesivas…". Con esta frase se inicia la definición de "engrama". Este es el nombre técnico con el que la neuropsicología designa la formación de huellas en el cerebro. Porque esa es la función primordial del cerebro, fuente última de todos los aprendizajes: la formación de huellas.

Cuando escribo, lo que ocurre es que alguna vez mi cerebro construyó la huella con la que se escribe y, cuando actualizo esa huella, escribo.

Igual ocurre cuando camino, cuando bailo, cuando manejo, cuando preparo una sopa de pescado (cómo no recordar aquí el exquisito caldillo de congrio de la cocina chilena, el tradicional ajiaco bogotano, la feijoada paulista, el pozzole de Jalisco y tantos más de nuestra maravillosa gastronomía latinoamericana), cuando me amarro los zapatos o me maquillo, etc., etc. Igual ocurre con todos los aprendizajes —y valga aquí el énfasis: TODOS, incluyendo la autorregulación, las habilidades, las actitudes, los conocimientos— que los niños realizan a diario: construyen huellas, esto es, engramas.

Pero si hoy el mensaje es uno y un poco más tarde el mensaje es el opuesto, al niño le queda imposible construir esa huella: le niego un caramelo, porque estamos a punto de servir el almuerzo, pero, ante su insistencia (o pataleta) se lo concedo; o la abuela lo niega, pero el abuelo lo concede; o tal vez hoy soy firme, pero mañana soy laxo, etc.

Por ello, es de vital importancia la **coherencia**. Coherencia a todos los niveles: el abuelo consigo mismo, el abuelo con la abuela, los abuelos con los padres, la familia con la escuela, hoy con mañana o cualquier otro día, etc. Los niños necesitan esa coherencia, pues no solo les permite hacer esos aprendizajes de manera fluida e indolora, también les ofrece un sólido y predecible piso emocional desde donde enfrentar las vicisitudes de la cotidianidad.

Los abuelos y los padres no se desautorizan ni se desvalorizan mutuamente

Este es, sin duda, uno de los pecados capitales en el matrimonio padres-abuelos para la crianza. La molestia, la ofuscación, la desavenencia, la frustración son todas emociones inevitables cuando algo en la relación padres-abuelos, en el contexto de la crianza, no fluye por los cauces deseados. Negarlo sería rechazar nuestra condición de humanos. Pero si no podemos evitar sentirlo, sí podemos evitar expresarlo frente al niño. ¡Es vital que lo hagamos! Tanto por razones logísticas como por razones emocionales y humanas.

Desde lo logístico

Como hemos mencionado anteriormente, el aprendizaje de los imperativos actitudinales, comportamentales y éticos exige unas figuras de autoridad sólidas que le ofrezcan al niño referentes irrefutables sobre la exigencia capital de la autorregulación: "lo que hay que hacer, hay que hacerlo, y lo que no se puede hacer, no se puede hacer". Así —adquirido en el curso de experiencias sucesivas—, el niño va construyendo y consolidando esos engramas, cuya expresión es la conducta infantil. Todo este proceso de construcción de figuras de autoridad queda reducido a cenizas cuando nos dedicamos a desvalorizarnos y desautorizarnos mutuamente.

Desde lo emocional y lo humano

Los niños necesitan figuras significativas que les ofrezcan entornos y experiencias con los cuales construir vínculos, afectos e imaginarios. Figuras valiosas en sí mismas, pero que se tornan cada vez más valiosas en la medida en que son fuente de gratificación, de autoridad, de afecto, pero también en la medida en que los otros adultos contribuyen a enaltecer esas figuras. Así, esa figura se agiganta y arrastra al niño hacia dimensiones cada vez más sublimes; de allí que enaltecer esas figuras importe más al bienestar del niño que al ego de ese adulto. Pero también aquí volvemos polvo ese maravilloso proceso cuando nos dedicamos a desvalorizarnos y desautorizarnos mutuamente.

Desde esa óptica, por ejemplo, conviene recordar que lo que para los cónyuges se llama suegra(o), para Marianita se escribe con letras muy diferentes que al juntarlas conforman una palabra mucho más dulce: "abuelita(o)". De igual manera, pero en sentido inverso, lo que para los abuelos se llama nuera/yerno, para Marianita se escribe con letras muy diferentes que al juntarlas conforman una palabra mucho más dulce: mamá/papá.

Todo lo anterior, sin perjuicio de recordar que con palabras, gestos y acciones es como se crea un clima amable, afectuoso y amoroso en el interior de la familia o —por el contrario— un fragoroso campo de batalla en el que todos salen perdiendo.

Los abuelos también tienen (y necesitan) sus espacios

Por supuesto que los abuelos entendemos que estamos ahí para ayudar en la crianza y conocemos los trabajos, los esfuerzos, las responsabilidades y los sacrificios que hacen los padres. Sin embargo, todo eso no puede hacernos olvidar que también los abuelos tienen sus necesidades y que por ello sus espacios —laborales, físicos, cronológicos, emocionales, trascendentales— deben ser reconocidos, valorados y respetados.

Por un lado, muchos abuelos y abuelas (tal vez la mayoría) son laboralmente activos. Trabajan por obligación, por necesidad, por gusto o por imperativo vital.

- **Por obligación.** Muchos abuelos han asumido responsabilidades que se tornan ineludibles en el campo empresarial, político, académico, de servicio, etc.
- **Por necesidad.** Para muchos abuelos eso de "abrirse camino en la vida" no cesa por el hecho de llegar a la *abuelitud*. Deben seguir trabajando para ganar su manutención o tal

vez están obligados a seguir laborando para alcanzar el tiempo de cotización que se requiere para tener derecho a una pensión.
- **Por gusto o imperativo vital.** ¿Quién dijo que para todos el "sueño de la edad dorada" es el ocio perpetuo? Lo es para algunos y eso es, desde luego, respetable. Pero, para muchos otros, el espectro de unos días eternamente vacíos, sin proyectos, metas, retos y logros no es un sueño: ¡es una auténtica pesadilla!

¡Por supuesto que esos abuelos tienen derecho a que se les respete ese espacio laboral! Haremos nuestro mejor esfuerzo para ser el apoyo más eficiente posible en la crianza, buscaremos ajustar nuestro trabajo de manera tal que podamos disponer del mayor tiempo posible para apoyar a los padres, en ocasiones, privilegiaremos los compromisos laborales de nuestros hijos sobre los nuestros, pero nada de ello implica que pueda asumirse que la ***abuelitud*** es sinónimo de ocio perpetuo. Es más, si se toma en cuenta el fenómeno del cada vez más frecuente embarazo adolescente, y si este se repite en dos generaciones, podremos incluso encontrar abuelas de 30 años, ¡cuando el ciclo laboral apenas empieza!

Por otro lado, a los abuelos la vida se les va acabando. Gradualmente pierden su ingreso económico, las posiciones de preeminencia y el reconocimiento social, la salud, los amigos, los hermanos y muchas de las otras cosas que hacen la vida grata, y si el abuelo no se aplica a mantener, defender y cultivar las que le van quedando, en algún momento se queda vacío. Infortunadamente, es frecuente que algunos padres —ante el hecho de que ellos están "tan atareados", en tanto que los abuelos "no tienen nada qué hacer"— descarguen toda la responsabilidad de la crianza sobre los abuelos, invadiendo estos espacios vitales. Este es, entonces, un llamado a los padres a reconocer, valorar y respetar esos espacios. Pero también es un llamado a los abuelos a hacerlos respetar: no es cierto que hacerlo transmita el mensaje de que "no me importa mi nieto" o que "no estoy asumiendo las responsabilidades que me corresponden". Salvo algunas situaciones extremas de fragilidad de los padres, estos deben entender que —igual que todos los padres de todos los tiempos— pasarán trabajos, tendrán que hacer esfuerzos y tendrán que aceptar algunas limitaciones, porque traer hijos al mundo conlleva esa responsabilidad. De ser necesario, esto debe hacerse explícito de la manera más amorosa posible… pero también de la más firme.

Lo anterior es tanto más cierto cuando se trata de las necesidades emocionales de los abuelos en aquellos casos y situaciones en los que la vida los ha golpeado con especial crudeza. Por desgracia, esas situaciones abundan: un descalabro financiero, un golpe severo a su dignidad, la muerte de alguien cercano (un hermano, un amigo… ¡el(la) cónyuge!), un serio quebranto de salud (aunque aquí fuerza es "regañar" a los abuelos por su pasmosa habilidad para hacer de sus achaques naturales —**sí, apenas naturales**— la más maravillosa fuente de inspiración para sus relatos), la adversidad de otro de sus hijos, etc. Es un hecho curioso de la naturaleza humana que nuestra capacidad para exteriorizar el sufrimiento va en relación inversa a la edad: un bebé expresa sus molestias y malestares con tal estridencia que a nadie le pueden pasar desapercibidas. La incapacidad de los ancianos para mostrar su dolor, en cambio, queda fielmente retratada en una frase del cuento "El mar del tiempo perdido", de Gabriel García Márquez: "[…] Se dio vuelta en la cama y apagó la luz; lloró despacio con ese llantito sin gracia de los viejos hasta que —por fin— se quedó dormido". Sirva este párrafo —ojalá— para animar a todos a reconocer las necesidades emocionales de los abuelos, a respetarlas y entender el carácter recíproco que tiene esta relación de apoyo para la crianza.

En tiempos de crisis —por ejemplo, ante la muerte de un niño—, los abuelos también necesitan apoyo. La tribu familiar y las amistades con su amorosa presencia son un elemento fundamental para sobrellevar el dolor y encontrar las fuerzas para seguir viviendo y poder transformarse para los otros nietos en un referente emocional que los sostenga afectivamente. Alguien decía que una pena compartida es la mitad de la pena, lo que seguramente no es verdad en este caso, pero sin duda ayuda a mitigar los efectos del dolor, dando un espacio de descompresión. No es extraño que se requiera un acompañamiento terapéutico y ayuda medicamentosa para no sucumbir ante la desesperanza, ante la inmensidad del dolor que implica el proceso de duelo ante la pérdida de un niño.

Nietos del siglo XXI, abuelos del siglo XX

"Tus nietos no son tus nietos. Son los nietos de la vida ansiosa de sí misma. Podrás albergar sus cuerpos, pero no sus almas, pues estas moran en el mundo del mañana que no te es dado visitar... ni siquiera en sueños" (tomado y modificado de *El Profeta*, de Khalil Gibran).

Desde luego, es comprensible que el mundo del abuelo esté construido con los elementos del mundo que conoció. Pero ese tiempo se fue. No volverá. Sus nietos no vivirán en él. Esto no significa que le esté prohibido al abuelo toda mención a ese mundo o todo reclamo por darles permanencia a valores y costumbres que vienen de allí. Pero sí es un llamado a los abuelos a entender que son, en efecto, lícitas las miradas particulares que tienen sus nietos sobre esos nuevos mundos que ellos construirán y los imaginarios que de allí se derivan.

No es cierto que "todo tiempo pasado fue mejor". Los seres humanos del futuro capitalizarán sobre las herencias que el pasado les dejó y, desde allí, se proyectarán a nuevos y maravillosos mundos. Nada nos autoriza a los viejos a considerar a nuestros nietos como menos competentes de lo que fuimos nosotros. Cierto es que los acontecimientos a los que a diario asistimos en ocasiones mueven a la preocupación o al desconcierto, pero ¿quienes somos nosotros —ciudadanos del siglo XX, uno de los más complejos y violentos que haya conocido la humanidad— para dar lecciones de sosiego o estabilidad? Si fuimos capaces de navegar estas aguas procelosas, ¿qué nos lleva a creer que nuestros nietos no podrán hacerlo igual… o mejor?

Entreguemos entonces a nuestros nietos lo mejor de nosotros, eso incluye lo mejor de los mundos que construimos y habitamos. Pero permitámosles la libertad de adentrarse en nuevos mundos, de abrirse a nuevos rumbos, de asombrarse con nuevas miradas. No los amarremos a un pasado que no volverá.

Los abuelos y la tecnología

Un capítulo central en las consideraciones del párrafo precedente lo ocupan las que giran en torno a la tecnología del mundo virtual e Internet. Pocas cosas despiertan tanto malestar en los adultos —en especial en los abuelos— como la relación de los niños con la tecnología, en particular, la tecnología digital. Aquí sí que aplicaría el viejo adagio popular: "No tan cerca que queme al santo, no tan lejos que no lo alumbre".

1. **"No tan cerca que queme al santo…"**
   - El mundo de Internet está plagado de riesgos. Se dan allí con frecuencia oportunidades de maltrato y matoneo, muchos de los temas son inapropiados, cuando no francamente vulgares, grotescos y violentos. Se corren riesgos de abuso sexual, incluso se presentan casos de pornografía infantil o trata de menores.
   - Internet es un fértil campo para la desinformación. Bien desde una información abiertamente falsa, generada y difundida de manera intencional (manipuladores de opinión, vendedores, *hackers*), o desde convicciones

personales profundas pero delirantes (fundamentalistas de todos los pelambres), o desde el producto de mentes enfermas, pero que pueden organizar un discurso y unas imágenes atractivas, pululan en Internet todo tipo de afirmaciones, mensajes, informaciones e imágenes falsas, abiertamente tendenciosas, que tienen un importante potencial de daño. Sembradas en la mente del niño en el momento "correcto" y alimentadas periódicamente por esa y otras vías, pueden llegar a tener graves consecuencias.

- Internet es un "buen" sitio para encontrar "malas compañías" y cultivarlas.
- La pantalla atrae a los niños como la miel a las moscas y se corre el riesgo de que termine ignorando todo lo que no sea esa pantalla.
- Los niños pueden abandonar sus deberes —en especial escolares— por estar pegados a la pantalla.
- La pantalla puede consumirlos al punto de perder interés por la interacción social.
- Etc., etc., etc. (un largo etcétera).

2. "... No tan lejos que no lo alumbre"
   - A partir del siglo XXI, la tecnología digital —en particular Internet— ha sido inseparable de la vida de los seres humanos, tanto (o más) que el fuego, la rueda, la moneda, el vestido, la escritura, etc. Negarlo es simplemente irreal. Los niños están y estarán, sí o sí, en el mundo de la tecnología.
   - La tecnología digital e Internet son, en efecto, un avance cualitativo monumental en el desarrollo humano. Cuando uno intenta imaginar la vida contemporánea (transporte aéreo, administración privada y estatal, transacciones bancarias y comerciales, cálculos matemáticos en proyectos de infraestructura o de desarrollo, prevención y manejo de desastres naturales, transmisión del conocimiento, diseño y creación, lúdica y recreación, etc., etc.) sin esos desarrollos, cae en la cuenta, con asombro, pasmo y admiración, de lo mucho que, en efecto, ha significado el advenimiento de estos desarrollos. Cuando, dentro de muchos siglos, los antropólogos de la época revisen las diversas revoluciones por las que ha atravesado la especie humana, pondrán sin duda en un sitial de honor esta revolución tecnológica.
   - La tecnología digital e Internet son una herramienta esencial para los aprendizajes académicos. Si a los abuelos de hoy nos hubiesen privado de la regla, el compás, el pizarrón, el ábaco o la tiza en nuestra época de escolares, nos habrían hecho un menor mal que si hoy privamos a nuestros nietos de los apoyos de la tecnología digital para sus aprendizajes académicos.
   - La tecnología digital e Internet son una poderosa herramienta de entretenimiento, y los niños tienen derecho a esta de la misma manera que nosotros, sus abuelos,

tuvimos derecho al columpio, el caballito de balancín, la muñeca o el carrito de carreras, y los abuelos nuestros al trompo, los zancos, etc.
- Los adultos viven inmersos en ese mundo. ¿Con qué derecho, entonces, y con qué ejemplo pedimos a los niños que se aparten de él? Un estudio reciente en Europa ha establecido que un adulto promedio está frente a la pantalla de su móvil durante cuatro horas al día. ¿Por cuál artilugio de la lógica pretendemos que nuestros niños no estén allí —al menos— un tiempo equivalente? ¿Por qué ha de ser distinto?
- Si del universo digital se puede predicar que es artificial, "no natural", fantasioso, manipulado por alguien, que roba tiempo e interés a ocupaciones más naturales, etc., ¡lo mismo puede predicarse de la literatura! ¿Prohibimos entonces los libros?
- La mayoría de los riesgos reseñados en el acápite precedente pueden ser evitados si enseñamos a los niños el uso apropiado de la tecnología. Con la condición, desde luego, de que sean niños que previamente han interiorizado los imperativos actitudinales, comportamentales y éticos necesarios (ver arriba "Los padres crían, los abuelos malcrían"). Nunca antes en la historia de la humanidad fue tan necesario que los niños interiorizaran esos imperativos actitudinales, comportamentales y éticos porque nunca antes los niños estuvieron tan solos en la calle (Internet es la calle contemporánea) como lo están en la actualidad y lo estarán en el futuro.
- Etc., etc., etc. (un largo etcétera).

Así pues, "no tan cerca que queme al santo, no tan lejos que no lo alumbre". Los niños sí están, sí estarán y sí tienen derecho a estar en ese mundo. Sin embargo, los adultos tenemos la responsabilidad de ayudarlos a que esa exposición les permita tomar lo mejor y evitar en lo posible sus riesgos. Aquí es donde las cosas se complican, porque los expertos en ese mundo son ellos, no nosotros. Los niños son nativos del mundo digital. Los adultos —en particular, los viejos— somos extranjeros en ese mundo; ¡y con mucha frecuencia extranjeros bastante incompetentes! Se da entonces la paradoja de un ciego intentado guiar a un vidente... ¡a través de un laberinto!

Nadie tiene, entonces, la fórmula mágica sobre cómo hacerlo. Como se dijo antes, cuando —dentro de muchos siglos— los antropólogos del futuro revisen las diversas revoluciones por las que ha atravesado la especie humana, pondrán sin duda en un sitial de honor esta revolución tecnológica. Pues es eso, una revolución. Por eso mismo, no existen fórmulas preestablecidas sobre cómo guiarse en y hacia ese desconocido ni sobre cómo guiar a otros. Tenemos que ser capaces de vivir con esa incertidumbre y —dentro de ella— hacer lo mejor posible. Ahora bien, en ese inédito cometido, ¿quiénes están mejor capacitados: los padres o los abuelos? Parece obvio afirmar que los padres. Esto debe hacerse explícito en el manual de convivencia. Los padres —a quienes compete consultar cotidianamente las alertas que las comunidades pedagógicas y tecnológicas lancen sobre prevención en la web y analizar esta información de manera crítica— deben hacer explícitas las reglas y las normas que regulan el uso de la tecnología, y todos (abuelos y padres) apegarse a esa regulación.

Algunas consideraciones que se nos antojan pertinentes —sin olvidar que los autores de este texto somos abuelos y, por ello, por definición, incompetentes— son:

- El prerrequisito esencial es que el niño haya interiorizado los imperativos actitudinales, comportamentales y éticos necesarios (ver arriba "Los padres crían, los abuelos malcrían"). Este apartado del mundo de la tecnología le da mayor fuerza —si fuera necesaria— al imperativo de ayudar a los niños a crecer en una pedagogía de los límites.
- Los adultos deben conocer y utilizar los diversos dispositivos de control parental, en especial para niños pequeños. Cierto es que lo deseable es la autorregulación (no la regulación externa), pero esta debe construirse, no se da silvestre. En la medida en que el niño crece —en edad, pero también en autonomía y autorregulación—, la importancia de esos dispositivos debería ir disminuyendo para ser reemplazados gradualmente por la autorregulación.
- Debe haber límites claros a los tiempos que los niños pasan frente a la pantalla. Los adultos deben saber de antemano que el niño utilizará todas sus argucias (¡sí, las tiene!) para prolongar esos tiempos. Si los adultos son suficientemente inflexibles desde el comienzo, en poco tiempo no será necesaria una lucha constante para mantener esos límites y luego —ese es el punto de llegada deseado— será la misma autorregulación del niño la que lo lleve a mantener esos límites de tiempo.
- Debe haber igualmente límites en cuanto a contenidos, por ejemplo, en lo referente a pornografía, violencia, etc. Pero más allá de estas limitaciones obvias, ocurre desafortunadamente que —la mayoría de las veces— en el tema de los contenidos, los adultos se van por la negativa (no puedes ver esto o lo otro), pero no se ocupan de buscar opciones por lo positivo (¡mira esta aplicación o este programa que encontré!).

- Con alguna frecuencia, los adultos debemos acompañar a los niños frente a la pantalla, y cuanto más pequeños con mayor razón. Los niños mayores y los adolescentes encontrarán esto, por supuesto, inaceptable… ¡y tienen razón!
- Ofrezcamos a los niños opciones: dos hermanos que tienen en el jardín de su casa una gallina a la cual alimentar y con la cual jugar; un niño que durante la semana ayudó a su abuelo a hacer una cometa y la elevan juntos el día sábado; dos hermanas de nueve y diez años que buscaron opciones en las vitrinas, acompañadas de su abuela, para el regalo del próximo día de la madre; una niña de siete años a quien su abuelo le regala un lego de cierta complejidad y la acompaña a armarlo; dos hermanos de cuatro y cinco años embelesados con el cuento del lobo que el abuelo acompaña con sombras chinescas; un niño de ocho años a quien su abuelo acompaña los fines de semana a la escuela de fútbol y que comenta con él los aconteceres cotidianos de ese mundo. ¡Esos son los niños que tendrán una menor adicción al mundo digital!
- Hay situaciones en las que es imposible escapar de ese mundo digital. ¡¡La espera tediosa en un aeropuerto es una situación en la que el iPad es la única tabla de salvación de una madre desesperada!!
- Los abuelos deben hacer explícito frente a todos (los padres, el niño, la escuela) cuál es su nivel de competencia para apoyar al niño en las tareas escolares que requieran ese apoyo digital. Nadie le exigirá nada más allá de esto, y él/ella hará respetar ese límite. Los abuelos harán su mejor esfuerzo por conseguir algunos progresos en ese mundo de la tecnología, entre otras cosas porque, además, de ahí se derivan otros beneficios de entretenimiento, obtención de información y comunicación que no deben despreciar.

Los abuelos reaprenden a dejar ir (la autonomía)

Ya una vez los abuelos tuvimos que aprender a dejar ir. El nido quedó vacío. Nos acostumbramos a ello y, con frecuencia, encontramos grato ese universo de sosiego, silencio y paz. Entonces llegaron ellos:

"Estuve recién 72 horas, 27 minutos y 40 segundos con mi nieto de 2 años y 7 meses en la playa, y quedé agotado. Es muy simpático y entretenido, muy inteligente y, por ende, agotador. No se le iba una, y cuando sonaba el móvil con los *whatsapps* de la abuela corría gritando: 'Tata, tata, tu móvil'".

Nuestros nietos llenaron de nuevo nuestras vidas de ruido, carreras y desorden... de alegría, besos, vínculos y apegos maravillosos.

Y de nuevo nos toca volver a aprender a dejar ir:

- La abuela que saca a Juan Camilo al parque y debe aceptar que se suelte de su mano y corra solo con todo el vigor de sus tres años (lo que los estadounidenses llaman *horsing around*).
- El abuelo que invita a Natalia de ocho años a cine el sábado... pero ella prefiere ir a la casa de una amiga a donde ha sido invitada.
- La abuela que quisiera ver a Emma de diez años en ese precioso vestido rosado para la reunión familiar del fin de semana... pero ella prefiere unos jeans rotos y raídos.
- La abuela que se queda "al borde de un ataque de nervios" mientras Mauricio de ocho años participa en una excursión organizada por su escuela (con acampada por tres noches) a una región apartada y selvática.
- El abuelo que acepta con condescendencia y benevolencia (sin perder de vista los límites de lo permisible) el legítimo

derecho a la rebeldía adolescente de Juan Carlos, de catorce años, si bien refunfuñando como le corresponde para no defraudar a su nieto.
- Los abuelos que animan a Beatriz de dieciséis años a buscar la beca o el programa de intercambio, ocultándole el hecho de que "les parte el alma verla alejarse".
- Los abuelos que visitan el hogar que recién acaba de conformar Helena de veinte años con su pareja y le hacen ver lo felices que están por ella, por su pareja y por su hermoso hogar (y evitan mencionar que faltan una nevera, cuadros y muebles, y que no está claro de dónde se pagará el siguiente mes de arriendo).

Pareciera que, con cierta frecuencia, nos cuesta más trabajo esta segunda experiencia de "dejar ir". Es apenas natural. La primera vez —con nuestros hijos— teníamos un amplio mundo (laboral, social, intelectual, lúdico) hacia el cual dirigir nuestras energías. En esta segunda ocasión —con nuestros nietos—, ese mundo es más restringido, nuestros horizontes son menores y, por ello, la ausencia de nuestros nietos nos puede resultar más difícil de asimilar, y es aquí donde nuestro amor de abuelos debería ayudarnos en ese difícil trance de "dejar ir". Como se dijo antes, todo el sentido del desarrollo infantil es el viaje hacia la autonomía. Si se compara a un recién nacido con un muchacho de dieciocho o veinte años, se hace evidente esa afirmación. De eso se trata, de apoyarlos en la construcción de un nivel de autonomía que les permita enfrentar las maravillas —y las vicisitudes— de la vida autónoma, y los abuelos no podemos constituirnos en penoso lastres del proceso. El doloroso destino de Tita en *Como agua para chocolate*, de Laura Esquivel, no puede ser el horizonte de los nietos que tanto amamos.

Capítulo V: Los aportes
de la *abuelitud*

Hasta aquí hemos dirigido la mirada hacia el papel de los abuelos como agentes de apoyo en la crianza, bajo el entendido de que actúan desde un papel secundario. "Se entiende" que la crianza es asunto de los padres, que los aportes a ella provienen de la concepción paterno-materna y que los abuelos actúan "por delegación".

Pero no puede ignorarse que la *abuelitud* tiene también un papel protagónico. Hay elementos en la relación recíproca de los abuelos con los nietos que no provienen de esa delegación, sino que son intrínsecos, centrales y de la esencia misma de la *abuelitud*. Con frecuencia esos elementos se constituyen en aportes muy valiosos, en especial para el crecimiento afectivo y emocional, tanto de los nietos como de los abuelos.

Los síes y los noes de la *abuelitud*

SÍES	NOES
• Me doy tiempo para construir un vínculo cercano con mis nietos.	• No me doy tiempo para tener vínculos cercanos con mis nietos.
• Tengo gestos y expresiones de afecto que hacen sentir a mis nietos cuánto y cómo los quiero.	• No expreso a través de gestos y expresiones verbales el afecto que les tengo.
• Valorizo y reconozco los esfuerzos que hacen mis hijos, hijas, yernos y nueras por el bienestar de sus hijos.	• Desvalorizo o invisibilizo los esfuerzos de los padres de mis nietos por su bienestar.
• Me preocupo por actuar en forma justa con todos mis nietos.	• Establezco diferencias injustas entre mis nietos.
• Reconozco y valorizo explícitamente y con generosidad los talentos, las características positivas y las virtudes de mis nietos.	• Critico o invisibilizo las características positivas de mis nietos.
• Respeto los límites impuestos por los padres.	• Me salto los límites establecidos por los padres.
• Conozco los intereses, los gustos y las preferencias de mis nietos, y, en la medida de lo posible, los estimulo.	• No conozco ni tengo en cuenta los intereses de los niños.
• Me acuerdo de sus cumpleaños y procuro asistir a las celebraciones a las que me invitan.	• Olvido los cumpleaños y otras fechas significativas para los niños.
• Me doy tiempo para salir, jugar y divertirme con los nietos, atendiendo a sus características y edades.	• No me doy tiempo para jugar, pasear, divertirme y reír con mis nietos.
• Respeto los tiempos y los espacios que los padres me asignan para estar con ellos.	• Impongo mi presencia cuando los padres quieren estar a solas con sus hijos.

Efectos de los abuelos sobre los nietos...
y los otros miembros de la familia

Tener abuelos trae enormes beneficios para el desarrollo emocional de los nietos y, por supuesto, también para los propios abuelos. Entre los múltiples papeles que pueden desempeñar los abuelos y que enriquecen el mundo emocional tanto de los niños como de los abuelos están algunos fundamentales que cabría resaltar, ya que tienen mayor impacto en los niños:

Quizá el papel más importante para los niños es que los abuelos son figuras de apego, en la medida en la que son cercanos y están disponibles para sus nietos. Esto hace que los abuelos formen parte de los apegos múltiples, que permiten que la vida emocional de los niños transcurra sobre una base segura.

Se ha dicho que los abuelos son los guardianes de la historia familiar y que transmiten a sus nietos la narrativa de la familia: dan a los niños una imagen cercana y grata (con frecuencia jocosa y divertida) de sus padres cuando eran niños, de sus características y de las anécdotas que reflejan el estilo de vida y los valores que orientan el rumbo de cada familia. Ellos pueden entregar coloridas pinceladas de los lugares donde habitaron los padres cuando pequeños, de las mascotas que tuvieron, de las plazas que visitaron. También pueden hacer un recuento de las amistades que tenían, del barrio donde vivieron, de los obstáculos que debieron superar, de los ritos que marcaron la infancia de los padres. Los abuelos son eso y mucho más, son un elemento decisivo en la construcción de la novela familiar, tanto porque forman parte de la historia como personajes importantes, como por las historias que van relatando. A su vez, para los abuelos, reconstruir la historia para transmitírsela a sus nietos los llena de alegría y da sentido a una vida que no fue en vano, sino que tuvo valores importantes que vale la pena transmitir a las nuevas generaciones.

Una novelista relataba: "Cuando estaba falta de inspiración visitaba a mi abuela en busca de relatos. Nunca supe cuánto tenían de realidad y cuánto era ficción, pero me entregaron pistas muy importantes de la identidad familiar y han sido un elemento fundamental en la construcción de algunos de mis personajes".

En muchas familias, como ya se ha dicho, los abuelos cuidan de los nietos cuando los padres no pueden hacerlo y son quizá la red de apoyo más incondicional que tienen los padres para colaborar en la crianza. Un elemento significativo de la participación de los abuelos en su cuidado es el hecho de ofrecer al niño un sentimiento vital de pertenencia y seguridad. Ser cuidado por abuelos que tienen vínculos afectivos caracterizados por la incondicionalidad y que de algún modo están encandilados por sus nietos, favorece la creación de una autoestima positiva.

Todos los abuelos sabemos los enormes esfuerzos que tenemos que hacer para no aburrir a otras personas con los relatos de las maravillosas gracias de nuestros nietos. Esta especie de amor encandilado es una fuente inagotable para la construcción de una imagen personal positiva en los niños y una fuente de gratificación inmensa para los abuelos. Una científica recordaba: "Fue mi abuela quien primero creyó en mi vocación científica, me regaló mi primer microscopio y siempre se interesó en lo que estaba investigando. Sentía que creía en mi potencial cuando me decía con una voz dulce pero segura: 'Sé que vas a llegar muy lejos'. Ahora que ya no está siento un enorme vacío".

Es un hecho indiscutible que los abuelos contribuyen a mantener los vínculos familiares. La casa de los abuelos es un lugar privilegiado de encuentro con tíos y primos, donde se celebran muchos eventos familiares. Hay que seguir manteniendo esos vínculos cuando ellos ya no estén. Una adolescente relataba: "Con la muerte de mi abuela, siento que no solo la perdí a ella, sino esas maravillosas reuniones que ella inventaba con tíos y primos". El papel de aglutinadores que tienen los abuelos puede mantenerse después de su partida. En algunas familias, el día del cumpleaños del abuelo o el aniversario de su muerte se realiza algún rito que, de algún modo, mantiene el poder aglutinador de los abuelos. Estos ritos ayudan a los niños a dimensionar el significado que ellos tuvieron en sus vidas y a elaborar las pérdidas, haciendo que perduren en la memoria emocional recuerdos que son muy nutritivos para su bienestar como, por ejemplo, el de saberse inmensamente queridos y valorados.

Ser abuelo cuando flaquea la energía y aparecen los quebrantos de salud puede convertirse en una tarea ardua. Para ejercer bien el papel es necesario tener dosis importantes de empatía, armarse de mucha paciencia, tener una gran capacidad de expresar ternura y desarrollar un espíritu lúdico para jugar con los nietos. Es importante la construcción de espacios en los que ambos, abuelos y nietos, se sientan cómodos en la relación. Esta relación cambia con la edad: en los primeros años será correr por la playa, más tarde serán los cuentos, después las partidas de naipes y las idas a buscarlos a la escuela. Pasarán etapas como la adolescencia en las que será necesario trabajar el desapego, con la confianza de que lo sembrado en la infancia dará frutos y que los vínculos recuperarán su vigor algunos años después.

La relación con los abuelos queda inscrita en la memoria autobiográfica de los nietos. De ello han dado cuenta muchos escritores. Tomie dePaola, considerado un clásico de la literatura infantil, relata en el prólogo de uno de sus libros más famosos, *La abuelita de arriba y la abuelita de abajo*, lo siguiente:

"Esta es una historia real. Aún considero que fue una experiencia maravillosa y un gran privilegio haber conocido no solo a mis dos abuelas y a un abuelo, sino también a mi bisabuela irlandesa. Las familias irlandesas (soy mitad irlandés y mitad italiano) suelen vivir muy cerca, por lo tanto, los veíamos una vez a la semana... A mis cuatro años de edad, ella era mi mejor amiga".

La presencia activa y los recuerdos que usted siembre en sus nietos son un valioso aporte a su bienestar emocional y perdurarán en la mente de ellos.

Efectos de la *abuelitud* sobre los abuelos (los beneficios de ser abuelo)

El nacimiento de un nieto es una experiencia emocional de enorme significación, que cambia la estructura de la familia y afecta positivamente a todos sus integrantes. Esto se da cuando llega el primer nieto y los hijos se transforman en padres, y ellos en abuelos. Ver a los hijos convertirse en padres constituye una gran alegría para los abuelos.

Con el primer hijo, las familias de origen quedan unidas por lazos de consanguinidad y los abuelos suelen convertirse en las figuras más importantes de apego secundario. Cuando nace un nieto se crea una cadena de tres generaciones, que obliga a una redefinición de papeles y de nuevas tareas. Las dinámicas familiares experimentan un profundo cambio y el nacimiento puede ser una oportunidad para rectificar errores y establecer alianzas, que, teniendo como centro a los nietos, revitalicen los vínculos familiares. Para ello es decisivo lograr una buena sintonía con los padres, creando así una alianza efectiva y sin conflictos.

La interacción entre abuelos y nietos tiene beneficios psicológicos reales. Para los abuelos, según Spitzer, autor de *Demencia digital* (quien sugiere que la mejor actividad para prevenir las demencias es salir a pasear con los nietos) un niño es una fuente inagotable de preguntas, exigencias, provocaciones y chistes, lo que mantiene activado el cerebro. Sugiere que se realicen con frecuencia actividades al aire libre y señala que quien no tiene un nieto, "debería adoptar uno".

Los abuelos están en una etapa del ciclo familiar en que deben elaborar muchas pérdidas: la muerte de amigos, la disminución de sus capacidades, la pérdida del trabajo y la reducción de sus ingresos, lo cual puede ocasionar cuadros depresivos si no se encuentran nuevas experiencias y espacios para llevar a cabo interacciones significativas. Investigaciones recientes han reportado que los abuelos que tienen una estrecha relación con sus nietos sufren menos depresiones, porque se conectan con la maravilla de la vida. Además, los nietos suelen favorecer la creatividad. Por ejemplo, el famoso escritor holandés de libros infantiles Leo Lionni, con más de 40 libros publicados, comenzó a escribir después de ser abuelo. Un día, para entretener a sus nietos durante un viaje en tren, les contó uno de sus relatos más conocidos: *Pequeño azul y pequeño amarillo*. Un origen similar tiene el libro de la autoría de uno de nosotros: *¿Por qué tengo que usar anteojos?*, de Neva Milicic, que fue escrito cuando sus nietas tuvieron que usar gafas. Los nietos hacen que los abuelos mantengan activas ciertas funciones cerebrales, impidiendo que entren en desuso y se produzca deterioro o depresión.

Los abuelos, esos maestros maravillosos

En todas las generaciones y en todas las culturas, las madres y los padres se convierten para sus hijos en un apoyo fundamental en el momento de convertirse, ellos mismos, en padres. Habitualmente, este papel lo han asumido más las abuelas, pero, cada día, más abuelos se involucran en una relación más activa y sustanciosa con sus nietos, algo que resulta mutuamente beneficioso. La presencia de un diálogo intergeneracional fluido aporta a las nuevas generaciones un sentimiento de pertenencia que favorece la autoestima de los niños. Cuando estos se sienten queridos y valorados por sus abuelos desarrollan una buena autoestima. La sensación de pertenencia a un grupo familiar y a una familia extensa que es sensible a sus necesidades y que está disponible para brindar afecto y cuidado aumenta la sensación de seguridad de los niños y los hace sentirse "queridos y queribles", que es el elemento central en la valoración personal.

En su libro *Abuela... ¿Yo?*, Balcells y Espinosa (2016) reivindican el enorme aporte de las abuelas a las familias y a la sociedad. Las abuelas han sido un pilar fundamental en la vida familiar, especialmente en el cuidado de los niños pequeños y, como plantean las autoras, las abuelas han sido un importante factor de transmisión cultural. La siguiente cita refleja el espíritu del libro: "Así, el conocimiento de lluvias y plantas de las abuelas mapuches, los secretos de cocina de las abuelas francesas, el saber místico de las abuelas hindúes, las canciones de cuna de las abuelas inglesas, las leyendas de las abuelas chinas y los abrazos y el amor desinteresado de todas ellas constituyen una bendición para las familias del mundo entero". Las abuelas, además, son una importantísima fuente de conocimiento de nuestras raíces familiares, e incluso vitales, para la supervivencia. Estudios realizados por el Departamento de Antropología de la Universidad de Londres reportaron que en Gambia la mortalidad infantil se reducía a la mitad cuando estaba la abuela. Resultados similares fueron entregados por la Universidad de Indiana en Japón, en 1871.

Los abuelos y las abuelas, cuando se constituyen en una presencia real y aportadora, adquieren una gran significación en el desarrollo emocional. Su presencia, lo que hacen con sus nietos y nietas, y lo que dicen queda inscrito en la memoria emocional de ellos. Un adolescente relataba: "Cuando era pequeño me costó aprender a leer. Como éramos varios hermanos, mi mamá no tenía tiempo ni paciencia para enseñarme. Fue mi abuelo, que era contador, quien compró un silabario y con paciencia infinita se dio a la tarea de enseñarme a leer y a querer los libros, y lo hizo haciendo que superara la sensación de fracaso. Me convenció de que podía y que era inteligente y me enseñó a querer los libros".

Sin duda este abuelo, como tantos otros, no solo le enseñó a leer a su nieto sino que fue un factor decisivo en el desarrollo de su autoestima académica; no se limitó a enseñarle a leer sino que favoreció su sentimiento de competencia. Sentirse competente y capaz es una de las variables que tiene mayor significación para la autoestima de los niños, y los abuelos, por la fuerza del vínculo afectivo que establecen con sus nietos, pueden transmitirla con una enorme fuerza emocional. Tener una abuela implica un enriquecimiento emocional para los niños, que ven expandirse sus redes afectivas, generando apegos múltiples, lo que resulta significativo en la creación de un apego seguro. No parece extraño, por ello, que incluso personajes famosos como Gabriel García Márquez, Barak Obama, José Saramago o el papa Francisco hayan hecho un reconocimiento explícito del papel que sus abuelas y abuelos tuvieron en la generación de su proyecto personal.

Los abuelos y las crisis

Los abuelos desempeñan un papel decisivo en las crisis familiares de sus hijos, ya se trate de un divorcio, la pérdida del trabajo o de problemas graves de salud de los hijos o de algún nieto. La crisis más dolorosa y para la que nadie está preparado es, sin duda, la muerte del nieto. En esta situación, los abuelos enfrentan un doble dolor, el sufrimiento por el nieto y la preocupación por el hijo o la hija que está viviendo esa terrible situación. Se suma la necesidad de apoyar a los hermanos, que muchas veces quedan bastante solos en las situaciones críticas, porque todos los recursos afectivos familiares están lógicamente abocados al niño que está enfermo.

Encontrar los recursos emocionales para sobreponerse a la tristeza y para acompañar en la tragedia que es enfrentar la pérdida de un hijo o de un nieto es una tarea sobrecogedora, pero imposible de evadir. Tan solo el hecho de tener la perspectiva de los otros puede ayudar a los abuelos a constituirse en un eficaz soporte emocional al cual los hijos pueden recurrir en busca de ayuda y de contención emocional. Es un enorme desafío. En esos momentos, la fortaleza de los abuelos es fundamental para proveer un refugio donde sus hijos y sus otros nietos puedan encontrar consuelo. Enfrentar de una mejor manera un dolor de esta magnitud exige ser prudentes y colaboradores, pero no invasivos. En momentos de mucho dolor, las personas a veces necesitan encapsularse y quieren estar solas, por lo que pueden rechazar la ayuda. Respetar y aceptar las necesidades de los padres es indispensable. De igual manera, tener la sensibilidad para saber acercarse o alejarse requiere de mucha sabiduría (ese —se supone— es el terreno de los abuelos). A veces la misión de los abuelos es suplir a los padres en el día a día con los otros hijos y estar disponibles para cuando se requiera de su compañía o de su ayuda. En su libro *La pequeña trapecista*, Ximena Abogabi relata el acompañamiento y el dolor de una familia con una pequeña hija que tiene cáncer. La autora es la abuela, una periodista muy reconocida por ser directora de La Casa de la Paz. El relato —lúcido desde una perspectiva emocional— da cuenta del papel que pueden tener los abuelos como soporte de los padres en el acompañamiento no solo de la niña, sino de los hermanos. Los vínculos afectivos y la compañía de los que nos quieren y a quienes queremos puede ser lo que permita elaborar la pérdida y encontrar algún sentido al sinsentido que es la enfermedad y la muerte de un niño.

La *abuelitud* y las familias disfuncionales

Para empezar, queremos aclarar que por familias disfuncionales no estamos incluyendo solamente aquellas en las que los padres están separados o en proceso de divorcio.

Sí lo son las familias en las que hay maltrato, violencia intrafamiliar o aquellas en las que hay adicciones de alguno de los padres o presencia de otras patologías psiquiátricas que dificultan hacerse cargo de los hijos.

La presencia de los abuelos en las familias disfuncionales puede ser para los niños y los adolescentes un puerto seguro cuando la tempestad arrecia.

Es un refugio en tiempos difíciles. Los abuelos, que forman parte de los apegos múltiples, son muchas veces una fuente de seguridad para sus nietos y nietas, siempre y cuando asuman una postura sabia de contención sin descalificar a los padres.

Es naturalmente comprensible que las lealtades estén con el hijo o la hija, pero resultaría bastante negativo descalificar al otro padre.

Es necesario filtrar lo que se dice y regular la agresión. Los abuelos deben recordar que en todos los contextos —pero especialmente en este— no están hablando de sus yernos y nueras sino del padre o la madre de sus nietos.

Cuando la familia está en crisis, para los niños y también para los adultos, contar con redes de apoyo es particularmente importante.

Muchos nietos reconocen el enorme aporte que ha sido la presencia de sus abuelos en las crisis familiares, ya sea acompañando y conteniendo a sus padres o a ellos mismos. Sentirse acompañado por los abuelos puede ser una tabla de salvación para los niños.

En muchas familias que están enfrentando procesos de separación, la cercanía con los abuelos actúa como un tutor de resiliencia, permitiéndoles salir fortalecidos de la difícil situación.

María Luisa relata: "Cuando mi papá se fue de la casa, esta se sentía muy triste, pero cuando llegaba mi abuela era como que todo se iluminaba. A veces traía algo rico para comer; otras veces eran unas flores, pero siempre su mensaje era que había esperanza. Nunca habló mal de mi papá. Tampoco nos dio falsas esperanzas. Simplemente estaba".

En los divorcios, acompañar a los nietos y escucharlos sin tomar partido ayuda a mitigar el impacto de las situaciones dolorosas.

Es necesario tener el cuidado de no descalificar a ninguno de los padres. Cuando los abuelos descalifican, dañan el vínculo: los niños se ven obligados a analizar lo que dicen para no darles oportunidad a los abuelos de tener argumentos contra alguno de los padres. Aquí sucede algo semejante a lo que les pasa a los padres con sus hijos. Ellos pueden hablar mal de sus hijos, pero no toleran que otro lo haga. Los nietos pueden hablar mal de sus padres, pero los abuelos deben ser extremadamente cuidadosos y no emitir juicios críticos, simplemente deben estar ahí para acompañar.

La autoridad paterno-materna en las familias disfuncionales suele estar bastante debilitada, debido a que, en muchas ocasiones, los padres no logran regular su rabia y caen en descalificaciones mutuas muy destructivas.

En este contexto hay que buscar fortalecer la autoridad y ayudar a reparar los vínculos entre padres e hijos, antes que agregar más toxicidad al ambiente.

No se trata de mentir, pero sí de no involucrarse de forma negativa. Lo que los nietos requieren es ser escuchados y contenidos. La mejor política es estar disponibles para ellos y convertirse en un refugio al que puedan acudir y descomprimirse cuando lo necesitan. Sentir que sus abuelos son empáticos y que entienden sus sentimientos de tristeza o de rabia es de un valor incalculable que ellos valoran y agradecen. Con los abuelos, los niños pueden expresar emociones y sentirse acogidos, porque en alguna medida su involucramiento en el conflicto es menor y, por otra parte, como conocen bien la situación, los niños no necesitan entrar en extensas explicaciones para contextualizar lo que sienten.

Sin embargo, los abuelos deben recordar que otros miembros de la familia extensa pueden aportar sentimientos de pertenencia que ayuden a mantener el equilibrio emocional de la familia en crisis.

Cuando los padres requieren estar solos y hablar con otras personas para serenarse, los abuelos deben entender que su presencia —lejos de aportar— puede convertirse en un factor perturbador adicional.

La *abuelitud* en el contexto de familias simultáneas

El aumento de las tasas de divorcio hace surgir un nuevo desafío para la ***abuelitud***. Ser abuelos en familias simultáneas en las cuales conviven niños que no necesariamente tienen lazos consanguíneos entre sí, o que tienen en común un solo padre, no es una tarea fácil.

Interactuar con los hijos de un matrimonio anterior del marido de la hija, o con los hijos de la esposa del hijo, gravita en la vida familiar y pone a prueba las competencias emocionales de los abuelos.

Para lograr asumir con éxito este desafío, se hace necesaria una actitud inclusiva, abierta y generosa, para, de algún modo, adoptar a esos niños que forman parte de la familia y que es indispensable que se sientan aceptados.

La discriminación entre "mis nietos y los otros", hecha por los abuelos, siempre es dolorosa para los niños y puede ser el origen de graves conflictos familiares.

Es natural sentir más afinidad con los nietos consanguíneos, con los que además se tienen vínculos emocionales previos, pero es muy importante que eso no se refleje en actitudes discriminatorias. Cuando sucede, el precio que pagan todos los miembros de la familia es muy alto.

No es raro que se deterioren los vínculos entre los niños, agravando sus rivalidades, afectando la relación de pareja y finalmente dañando la relación con los propios abuelos.

Cuando un padre percibe que su hijo es discriminado, obviamente, en una actitud de legítima defensa, generará sentimientos de rechazo o de distancia con quien discrimina a su hijo, lo que dificultará la unión familiar. Los abuelos deben ser factor de unión y ayudar a tejer y aumentar los vínculos positivos en las familias.

En las fiestas y especialmente en la Navidad, pueden originarse conflictos, como argumentaba Antonio cuando se negaba a pasar las Navidades en casa de su padre: "Sé que no soy bienvenido, en especial por la abuela de mis hermanastros. A ellos les hacen muchos regalos y muy buenos, en cambio a mí y a mi hermano nos dan una barrita de chocolate. No me importa tanto por mí, que dejé de quererlos por lo injustos que son, pero me duele por mi hermano pequeño que se queda mirando los regalos con los ojos largos. Me da mucha rabia, ¿qué les costaría entregar sus regalos cuando no estemos nosotros?".

En privado, los abuelos pueden hacer diferencias y sentirse más libres en la expresión de las emociones, pero jamás en público.

Los hijos son posiblemente uno de los temas en los que es más difícil aceptar críticas, y menos aún de la suegra o del suegro. Por ello, un aspecto en el que hay que extremar los cuidados es la crítica. A nadie le gusta ser criticado y, en la medida de lo posible, los abuelos deben abstenerse de criticar a sus "nietos adoptivos" o los sistemas educativos de sus yernos o nueras "adoptivos" para con sus hijos. Para ello sirve mucho recordar cómo se sintió uno al ser criticado.

Cuando se tiene una actitud generosa, amable y cariñosa, los niños agradecen este comportamiento y es posible que se produzca una adopción recíproca como abuelos y como nietos.

El cariño tiene un efecto mágico sobre el espíritu. Un adulto recordaba: "Siempre le dije 'tata' al papá de mis hermanastros. Le agradezco el cariño y la preocupación enorme que me dio. Para él todos éramos sus nietos. No hizo diferencias de forma evidente. En casa de ellos me sentí siempre bien recibido y valorado. Nunca se olvidó de un cumpleaños. La abuela era buena persona, pero a veces hacía algunas diferencias, que cuando era pequeño me dolían mucho, pero que más tarde acepté. Grande mi tata".

El respeto a los sentimientos y las necesidades de los niños es una condición indispensable para moverse en las muchas veces turbulentas aguas de las familias simultáneas. Teniendo como norte la unión familiar, es más probable no perder la brújula de la justicia en esta navegación.

Tejer vínculos familiares en las familias simultáneas requiere de mucho trabajo y exige ser muy cuidadoso. Hay que ser lo más justo posible y empatizar con los sentimientos de los niños, no escatimar en las expresiones de afecto, visibilizar y valorar lo que hacen los niños, especialmente los que más lo necesitan.

Si lo logra, usted será un factor aglutinador que quedará grabado en la memoria emocional familiar como un abuelo o una abuela inolvidable.

Capítulo VI: Abuela, léeme un cuento

El cuento

Mención especial en el perfil de la ***abuelitud*** merece el momento en el que los nietos se acercan a la abuela y le piden —con frecuencia con un mohín de súplica y complicidad—: "Abuela, léeme un cuento". Esta petición de los nietos hay que ganársela. Las abuelas y los abuelos deben trabajarla de manera consciente, paciente, constante, entusiasta y divertida. Acercar los nietos a los libros, y de manera especial a los cuentos, es tal vez el mejor regalo que los abuelos pueden hacerles y hacerse a sí mismos. La complicidad en la espera del desenlace de la historia, el suspenso, las emociones compartidas, las hipótesis sobre lo que pasará o harán los personajes fortalecerán de manera muy sólida el vínculo abuelos-nietos, permitirán enriquecer de manera sana el mundo imaginario del niño y, a los abuelos, les dará la oportunidad de revivir lo mejor de sus recuerdos de la infancia.

Los niños que no tienen un acercamiento previo a los libros no harán esa solicitud; el interés habrá que crearlo, lo que es relativamente fácil, pero hay que tener claro que es una tarea de la crianza —muy dulce y placentera, por cierto— que no puede soslayarse y, tal vez, una de las de mayor impacto emocional y cognitivo.

En la actualidad, en casi todos los países del mundo, desde los organismos relacionados con el desarrollo humano se hacen grandes campañas encaminadas a crear el hábito de la lectura en los niños. En Colombia, Leer es mi Cuento es ejemplo de ello: se recomienda a los padres que les lean a los hijos, que desarrollen una rutina de lectura de cuentos (ojalá diaria) en momentos y espacios que propicien la intimidad, la posibilidad de acercamiento físico y emocional, los mimos, las caricias y los abrazos. Se pone énfasis en la importancia de leerles los cuentos a los niños con las ilustraciones visibles, empleando una marcada prosodia que transmita las emociones de cada una de las situaciones y reproduzca las diferentes voces de los personajes. De esa manera se siembra en ellos el interés por la lectura, se enriquece el léxico, se les dan los primeros indicios de conceptos relacionados con la misma —lo que facilita el posterior aprendizaje lector—, se les engancha con el mundo de la narrativa y, sobre todo, se fomenta el vínculo afectivo padres-hijos. ¡Menuda conquista!

Pues bien, ¡esa es también una tarea de los abuelos! Por las circunstancias y los contextos propios de las ciudades actuales, el tiempo que los padres tienen para leer a sus hijos es limitado. Hombres y mujeres jóvenes, que se la juegan por sobresalir en sus campos profesionales —como conquista personal y además con la mira en poder brindar a sus familias un determinado estilo de vida— y que para ello cuentan con los abuelos como apoyo en la crianza, hacen malabares para que el tiempo les alcance para desarrollarse en lo laboral sin privar a sus hijos de su presencia. Llegan al final del día a recibir a los niños que han cuidado los abuelos, con tiempo apenas suficiente para acompañarlos en la rutina nocturna de preparar las cosas para el siguiente día, ponerse su ropa de dormir, hablar sobre lo que sucedió en el día y... ¡a dormir! Sus niños, como ellos, están ya agotados, por lo que la lectura del cuento —si es que se logra hacer— será corta, sin muchos preámbulos, sin intercambios sobre lo sucedido, sin tiempo, en fin, para "sacarle el jugo" de la forma ideal, aunque claro está, será un momento muy agradable de distensión y muy propicio para prodigarse mimos.

Por generaciones, la **abuelitud** se ha caracterizado, entre otras cosas, por la transmisión de tradiciones orales, la vinculación de las nuevas generaciones a estilos de pensamiento y determinadas estéticas que se consideraban deseables, el ejemplo de vida que permitía cimentar valores y, para algunos grupos sociales más favorecidos en sus oportunidades, el acercamiento de los nietos a la literatura, al mundo letrado en general. En este libro se menciona, en distintos apartes, la influencia que destacados escritores les han reconocido a sus abuelos y abuelas en su vida y su arte. Tampoco nos cabe duda de que muchos de nosotros —desde nuestra propia experiencia, en temas que van desde las costumbres más simples hasta la consecución de metas muy complejas— señalamos con alguna frecuencia esta influencia.

"Leer un cuento" tiene múltiples facetas, más allá del hecho en sí mismo. Puede querer decir acercarse juntos a la librería a escogerlo y comprarlo, o caminar juntos hasta una biblioteca a inscribirse para conseguir su propio carné de lector y aprender "el ritual" propio del préstamo y la devolución del libro; se puede escoger el que ese día se quiera disfrutar de entre el catálogo de su casa o de la casa de los abuelos. Puede leerse un cuento desconocido o releerse ese que tanto nos divirtió, ¡o nos asustó! Puede empezarse de una forma diferente, buscando alguna escena en especial o resaltando de las ilustraciones algo sobre lo que no se había puesto énfasis, o que se acaba de descubrir. Se puede proponer a los niños que cambien algo del mismo, los nombres de los personajes o algunos hechos para llegar a un nuevo final, aunque en algunas etapas tempranas los niños son muy reacios a esos cambios y, de hecho, rechazan cualquier intento de cambio que hagamos, exigiendo mantener el formato que han memorizado. Se puede entusiasmar al niño para que él "lea" ese día el cuento o alternar la lectura entre los dos. Es posible también empezar por señalar cómo el nombre de un personaje se escribe con la misma letra inicial del nombre de la nieta y que ella busque en otras partes esa u otras letras de su nombre, o instar al nieto a que busque en otras páginas el nombre del personaje que se ha señalado en el título. Se puede leer y al tiempo llevar el dedo bajo la línea que se lee para acostumbrar a los nietos a hacer ese seguimiento de izquierda a derecha y asimilar lo escrito con lo que se dice en voz alta. Cuando ellos leen, oírlos leer es maravilloso y admirarlos los anima a hacerlo cada vez con mayor seguridad.

Otras narrativas

La narrativa no es, por supuesto, una particularidad única de los libros. Los abuelos deben —digamos mejor, los abuelos TIENEN que— narrar a sus nietos experiencias propias, anécdotas de la familia y recuerdos que han perdurado en la tradición oral familiar o regional. Las circunstancias y los distintos contextos que de forma natural se presentan son el pretexto para alimentar a los nietos con ese repertorio que vincula la historia de sus antepasados con la construcción de su propia historia. No debe olvidar la abuela o el abuelo que los nietos harán su propia lectura de esta narrativa y que más que una transmisión se trata de compartir emociones y afectos para nutrir los lazos y alimentar los imaginarios del niño con aspectos que le permitan aumentar su sentido de pertenencia a un grupo. Deben saber los nietos que hubo y que hay otros de los cuales sentirse orgullosos, o por los cuales sentir alegría o dolor, otros a los cuales apegarse, admirar, querer y de esa manera fomentar valores como la compasión, la tolerancia, el respeto, la generosidad, la solidaridad y, en fin, la pertenencia.

El mundo narrativo está presente también al cantar a los nietos y con los nietos las canciones infantiles tradicionales, repetir o inventar estribillos con música, que se usen para determinadas circunstancias de la vida cotidiana. De igual manera, acercarlos a la música que nos gusta, que está ligada a nuestra historia personal y que, por lo tanto, hace vibrar cuerdas emocionales y nos remite a memorias afectivas; rememorar para los nietos fragmentos de la vida del hijo o la hija, como cuando aprendió a tocar algún instrumento, lo que le gustaba o no cantar, lo que bailaba. En fin, anécdotas cuyo lazo con la base afectivo-emocional facilita transmitir motivaciones hacia la música que enriquecen la historia del niño y le ofrecen raíces que brindan solidez.

Es necesario tener cuidado de que las anécdotas no desvaloricen de ninguna manera al padre o la madre de los niños; deben ser armónicas con lo que los padres consideran una imagen positiva de ellos. También es deseable —para equilibrar cargas— animar a los nietos para que pregunten a sus otros abuelos sobre este tema, para que lleguen a tener un paisaje musical completo de su propia familia. Los viajes en auto, en medio del tránsito infernal, son un buen momento para cantar, oír música, pedirle a Marianita, Pedro, Cristóbal o Carmen que canten canciones que han aprendido en la escuela, que lleven su música para escucharla con ellos y —en lo posible— aprenderla. Estar abiertos a su mundo musical es una manera más de conocerlos, de poder influir de forma positiva, de darles retroalimentación a ellos y a los padres para que se tengan en cuenta habilidades específicas.

En la actualidad, además de la tradición oral y los libros físicos, están a la orden del día las aplicaciones tecnológicas para cuentos interactivos, que responden a lo que estos niños han visto y usado desde que abren los ojos al mundo y, por lo tanto, hacia las que estarán muy motivados. Se consiguen, en ese formato, desde los cuentos tradicionales y clásicos hasta maravillosas creaciones con temáticas actuales. Por los nietos, ¡y por nosotros mismos!, estamos en la obligación de acercarnos a la tecnología, usarla, compartirla e incluso pedirles a ellos que nos apoyen en ese acercamiento que, en ocasiones, nos cuesta tanto trabajo. Bien aprovechada, esta "tutoría infantil" puede ser un fructífero campo para estrechar vínculos, hacer sentir a los niños orgullosos de ser nuestros maestros y además orgullosos frente a sus pares, porque sus abuelos también están en la "era tecnológica". Empezar con la lectura de estos cuentos puede ser una entrada fácil y más amigable a ese mundo, para después incursionar en otro tipo de aplicaciones.

Estamos en la obligación de acercarnos a ese mundo de la tecnología, entre otras cosas, para apoyar a los nietos en su uso seguro. Si no lo podemos hacer por alguna razón, debemos aplicar las reglas que los hijos hayan dispuesto. No es aceptable hacernos "los de la vista gorda" frente a esta realidad. Como se mencionó anteriormente, la tecnología tiene innumerables beneficios y aplicaciones para facilitar la vida, enriquecer las posibilidades de ocio constructivo, aprendizaje y adquisición de información y conocimientos, etc.; pero de igual forma tiene peligros que no podemos obviar y como actores —a veces principales, a veces de reparto— en la crianza estaremos inmersos en ese mundo, por lo cual es deseable, en la medida de lo posible, involucrarse en él. Hacerlo puede ser, de hecho, muy divertido, interesante y enriquecedor, pero también adictivo. Al igual que para los niños, las oportunidades y amenazas de su uso están ahí para nosotros, y quién mejor que los abuelos para dar ejemplo de autorregulación, prudencia y uso positivo de la misma.

Los hijos —padres de nuestros nietos— hacen un uso tan continuado de estas tecnologías para su trabajo, sus relaciones sociales y el entretenimiento, que a veces contradicen los argumentos que ellos mismos han dado para imponer limitaciones y restricciones al tiempo, al acceso de contenidos, a los lugares y los contextos en los que los niños pueden acceder a esas tecnologías. Descalificarlos frente a los niños no es aceptable; lo que procede es buscar un momento de tranquilidad sin afanes ni problemas de por medio, y plantear lo que se reconoce como incongruente, buscar posibles soluciones, oír sus argumentos y clarificar la mejor forma de mostrarse frente a los niños, siendo coherentes con lo que se predica.

MEDIOS AUDIOVISUALES

Tenemos también el mundo del cine, la televisión, los videos —tan a la orden del día en redes— y, en general, los teléfonos móviles y las tabletas que los nietos manejan, buscan, borran y manipulan con una pericia inaudita y a velocidades a veces inimaginables para los abuelos. Estos se convierten en parte de ese repertorio de lecturas compartidas. Es posible que, en lo que tiene que ver con tecnología, la iniciativa la lleven ellos, y que su experticia sea superior a la nuestra. Pero no se nos puede olvidar que los adultos responsables somos nosotros, quienes de manera amorosa, rigurosa, firme y coherente ponemos un marco con límites claros sobre qué ver, cuándo ver, por cuánto tiempo ver, con quién y dónde.

Con el cine y la televisión la cosa es a otro precio, ese sí es nuestro campo, aunque hay que reconocer que la tecnología en esos terrenos ha progresado a un ritmo que no hemos acabado de asimilar y que a veces —como decimos en términos coloquiales— nos embiste. Sin embargo, nos queda fácil revisar con los nietos la cartelera de TV o de cine antes de invitarlos, crear la expectativa de la película que está por llegar, ver con ellos sus programas favoritos, comentarlos, explicitar en su debido momento las críticas a imágenes y comportamientos que se ven. Son todas maravillosas oportunidades de aportar a su sistema de valores y, en general, de construir marcos de comportamiento deseables. El cine, con la parafernalia adicional de las colas para la compra de la merienda (incluidas las palomitas de maíz, si no han sido terminantemente prohibidas por el pediatra, caso en el cual acudiremos al sustituto prescrito), de las gafas requeridas para las producciones tridimensionales, de la búsqueda de bancas o tarimas adicionales para que el nieto pequeño pueda alcanzar la altura requerida frente a la pantalla, del uso de los baños públicos, de la definición de quién ocupará cada sitio, todo lo anterior complementado con el hecho de salir de casa, llegar a tiempo, llevar el abrigo necesario, etc., es una magnífica oportunidad de diversión mediante la cual se pueden conseguir múltiples aprendizajes y consolidar normas.

A los pequeños, este acompañamiento debe permitirles adquirir poco a poco una mayor independencia —siempre con ojo avizor—, para asegurar que el marco se adquiere y respeta y así, al final, poder confiar en que se ayudó a formar e interiorizar un sólido marco de normas éticas y valores que acompañarán a los nietos por el resto de su vida.

La narrativa infantil

La conquista del mundo narrativo estaría incompleta si no los apoyamos en la producción de sus propias narraciones.

Pedir sus opiniones sobre lo sucedido en las lecturas o sus anticipaciones sobre lo que creen que sucederá, escucharlos y alentarlos a que cuenten lo que han vivido en el día, escuchar lo que se inventan y preguntar, preguntar y preguntar; demostrarles lo interesante que es para nosotros lo que dicen, admirarlos, alentarlos a dibujar y —cuando ya lo puedan hacer— a escribir acerca de lo leído, vivido, oído o sentido de cualquier forma en la escuela, en la casa de los tíos, en la fiesta infantil. Invitarlos a que graben, por ejemplo en la tableta, alguno de sus juegos, que tomen fotografías de sus construcciones para mostrárselas luego a sus padres, hermanos y compañeros de la escuela. Proponer cosas fantásticas para que ellos den sus opiniones o busquen solucionar en lo oral, o por escrito, con dibujos, con pegatinas, etc. y, sobre todo, ¡admirar sus producciones!

Los abuelos que tuvieron la fortuna de compartir la crianza de los nietos pequeños, de usar todos estos recursos mencionados y de valorar el impacto que cada uno de estos tuvo en cada nieto en particular tienen —cuando estos se acercan a la adolescencia— la labor de continuar ese apoyo a la crianza en una etapa en que puede ser más difícil conciliar los intereses de ese adolescente que debe empezar el camino de la autoafirmación. Los nietos esperan y tienen derecho a buscar espacios con mayor independencia. Por otro lado, la cruel factura de los años empieza a limitar algunos aspectos de la propia independencia en la vida de los abuelos. Lo anterior no impide disfrutar los éxitos que consiguen los nietos si se ha forjado un conocimiento de la forma de ser de cada uno, que así como facilita la convivencia, exige a los abuelos esfuerzos importantes para evitar lastimar a los nietos, con respeto por "su forma peculiar de habitar el mundo", aunque, claro está, sin abandonar su papel de formadores. Los abuelos tienen el derecho a esperar que los nietos puedan entender sus limitaciones y acompañarlos también con respeto por las limitaciones que la vejez impone. En todo este proceso, el mensaje contundente de los abuelos a sus nietos debe ser —sin duda—: "¡Cuenta conmigo siempre!".

Por ejemplo, cuando Paloma empezó a demostrar una especial inclinación hacia la música, cuando demandó información cada vez más sofisticada sobre notación musical y aprendió cuanta canción se cantaba con ella. Luego se conmovió hasta las lágrimas escuchando una melodía, se movió de forma muy armoniosa y llevó el ritmo primero con las canciones infantiles y después con otro tipo de música.

Cuando pasó tardes enteras con su guitarra y conectada a su iPod hasta aprenderse la última canción de Shakira o Beyoncé y después, cuando su abuela registró amorosamente todos esos hitos, llegó el momento de invitarla a conciertos —ojalá con algún amigo—, programar la tarde en que se verá el video musical que acaba de producir su artista favorito, regalarle entradas a un concierto al que asistirán sus amigos y facilitarle la manera de ir y volver con seguridad, oír sus grabaciones, sentarse a leer cerca mientras ensaya y tenerle en casa un espacio donde pueda hacerlo cómodamente. Puede pasar, eso sí, que Paloma esté aprendiendo violín —cuyos sonidos iniciales son estridentes— o batería —con su correspondiente explosión sonora—, lo que puede fastidiar a los abuelos. Estos deben limitarle espacios y momentos para hacerlo e incluso cuando las reglas de convivencia en su edificio o en su vecindad no lo permitan, restringirlo. Paloma debe tener claro que las reglas tienen que respetarse, los abuelos deben saber que fijar esos marcos es su derecho y contribuye a mantener buenos vínculos, y los padres deben cuidar que tanto Paloma como los abuelos obtengan de ese arreglo lo mejor.

Si, Por otro lado, Cayetano es un maravilloso lector de novelas y cuentos, que describe a sus amigos con gran entusiasmo cómo siempre que empezaban las vacaciones la abuela los llevaba a la librería a comprar los libros que iban a leer, los guiaba en temáticas, les resaltaba el valor de las ilustraciones, les señalaba los nombres de autores y luego les permitía elegirlos. Si también les cuenta cómo el abuelo cada noche que dormían en su casa, después de arroparlo a él, a sus hermanas y primos y darles el beso de buenas noches, apagaba la luz y se sentaba cerca a inventar cuentos en los que los personajes protagonizaban situaciones en las que ellos se reconocían y en las que siempre sacaba a relucir lo mejor de cada uno, con un lenguaje rico y maravilloso. Si esa es la vivencia de Cayetano, se impone aprovechar la Feria del Libro como una oportunidad maravillosa; invitación en la que vale la pena incluir a alguno o algunos de esos amigos con lo cuáles ha compartido sus recuerdos, ha intercambiado libros, ha hablado sobre lo que están leyendo, ha visitado librerías y bibliotecas y, sobre todo, con los que ha entendido que no es necesario que las temáticas y los estilos literarios preferidos sean los mismos. La sana discusión se impone, porque no se puede permitir la descalificación del gusto del otro. La biblioteca de los abuelos puede compartirse, pero con reglas claras sobre el uso y la devolución y, sobre todo, sobre la necesidad de informar lo que se saca de allí para conseguir autorización. Habrá libros y material que para la abuela son muy cercanos a sus afectos e imposibles de volver a conseguir y, por ello, puede pedirle a Cayetano que no los saque del lugar. El abuelo tiene derecho a pedir que su colección de "cómics" de los años sesenta no sea manipulada sino en su presencia, y Cayetano tendrá que respetarlo. Los papás de Cayetano tienen derecho a discutir con los abuelos —cuando Cayetano no esté presente— sobre la conveniencia de esas reglas, pero siempre en el entendido de que es potestad de los abuelos definir los usos y las normas que aplican en su casa.

Cuando Juan Luis es reconocido en la escuela como el rey de la tecnología, puede ser más difícil para los abuelos "seguirle la cuerda"; sin embargo, será posible hablar sobre sus logros, estar dispuesto a "tratar" de entender las nuevas aplicaciones o aparatología que consiguió, no usar términos despectivos sobre ello ni descalificarlo por haber optado por un pasatiempo que a ellos los desborda. Los abuelos mantienen la opción de pedirle que los ayude a usar aquellas herramientas que, de alguna manera, les solucionan problemas o que son de su interés, y hacerle saber que vaya más despacio, que repita el paso a paso, que les permita "apuntar" la secuencia, todo ello dentro de la mayor cordialidad, que se facilitará si a lo largo de los años anteriores se logró construir esa complicidad y ese vínculo amoroso y confiable. Es tiempo de recordar que su primera tableta fue el regalo de Navidad de los abuelos, que con los abuelos asistió a la primera Feria de Tecnología de su escuela y que también ellos estuvieron presentes en cada una de las oportunidades en que mostró su gran talento para el uso de ella en la escuela. Por otro lado, nuestro rey tecnológico debe tener claro que **NO** puede manipular la "pobre tecnología" de los abuelos a su manera, para dejar los aparatos literalmente inservibles para ellos, quienes no pueden comprender cómo funcionan con esa configuración. **NO** puede instalar sin su permiso programas o aplicaciones que no desean. **NO** puede usarlos en horas en las que la abuela hace su juego de palabras, se comunica con las amigas o mira las estrellas en su nueva aplicación de astronomía, ni cuando el abuelo busca noticias de fútbol, juega ajedrez o escribe cartas al diario para quejarse de algo, etc. Los abuelos pueden fijar normas al respecto, y Juan Luis debe respetarlas, todo ello con el apoyo de los padres, quienes, obviamente, pueden buscar ponerse de acuerdo con los abuelos si consideran que algo puede hacerse de otra forma, pero dispuestos a apegarse a las normas de lo que hicieron como manual de convivencia del matrimonio padres-abuelos.

Luciana, por otro lado, creció muy motivada con la cocina. Acompañar a los abuelos a preparar los desayunos de los domingos en los que amanecía allí, porque los padres tenían alguna salida, fue siempre para ella un placer. Entre sus vivencias de ese momento se mezclan y superponen el olor del pan en el horno, la elección de la cesta en la que lo iba a llevar a la mesa, la emoción de conseguir que los huevos tuvieran la consistencia deseada por la abuela para su receta de huevos revueltos con champiñones, las mezclas multicolores de frutas, el olor del café recién molido para la abuela o del chocolate que compartía con el abuelo, el sabor de la mermelada de mora que el abuelo había preparado esa semana y su inmenso esfuerzo para llevar desde la cocina hasta el comedor las tazas con las bebidas sin que estas se regaran.

Todas estas vivencias crearon las condiciones apropiadas para que ahora disfrute —a más no poder— el placer de cocinar. Recuerda con amor que cuando apenas aprendía a escribir, el abuelo le regaló una libreta y le dictó su receta de mermelada de mora, que luego prepararon juntos; también se suele acordar de cómo en unas vacaciones se atrevió a pedirle a la abuela que, en lugar de un libro de cuentos, le comprara uno de recetas y cómo no solo accedió sino que ella y el abuelo la acompañaron a cocinarlas a lo largo de las vacaciones para compartirlas con toda la familia. Ahora es una buena cocinera, los abuelos disfrutan de las recetas que les prepara, se interesan en las nuevas técnicas, los ingredientes y los conocimientos de otros tipos de cocina muy diferentes de los propios, la animan para que con sus compañeros venga a casa a cocinar y pueden invitarla a veces a restaurantes que han abierto en los últimos meses; además buscan que aprecie la "cocina local y familiar". Los abuelos, por supuesto, pueden disentir y manifestar sus gustos y disgustos en relación con otras cocinas y usos alrededor de la buena mesa, pero nunca descalificar los que a ella le gusten. Luciana debe saber que hay reglas para el uso de la cocina de los abuelos, como dejarla en el mismo orden en que la encontró y respetar los horarios establecidos. Se puede discutir el cambio o la flexibilización de los usos y los estilos, por ejemplo, al servir, o también en la innovación tecnológica de algunos de los elementos relacionados con ese pasatiempo, que pueden incluso facilitarles a los abuelos cocinar, pero, en última instancia, es la cocina de los abuelos y ellos deciden. En eso encontrarán en los padres de Luciana apoyo, y si hay algo que no se comparte se podrá hacer entre el matrimonio padres-abuelos la discusión necesaria, pero apegados al manual y sin que ninguna de las dos partes desvalorice a la otra frente a Luciana.

El método de las abuelas

El halago es un motor muy importante para persistir en algún tipo de comportamiento y para mantener la exploración. Sugata Mitra, educador e investigador en tecnología, reconocido por sus innovaciones, cuenta que —cuando necesitó un maestro para conseguir que niños de poblaciones con pobre acceso a la educación hicieran uso de un computador para el aprendizaje de Ciencias— le preguntó a una joven de 22 años que siempre jugaba con esos niños:

"—¿Puedes ayudarme?

—Claro que no. No tuve Ciencias en la escuela. No tengo idea de lo que hacen bajo ese árbol durante todo el día. No te puedo ayudar.

—Te diré qué —le dije—, usa el método de la abuela.

—¿Qué es eso?

—Ponte de pie detrás de ellos. Cada vez que hagan algo solo di: '¡Bueno!, ¡vaya! ¿Cómo hicieron eso? ¿Cuál es la siguiente página? ¡Cielos, a su edad, yo nunca podría haber hecho eso!'. Ya sabes, lo que hacen las abuelas".

Con eso consiguió que la exploración de los niños los llevara a aprendizajes similares a los conseguidos por niños de escuelas clásicas de alto rendimiento y basado en ello creó después lo que llamó la "nube de las abuelas": abuelas británicas dispuestas a regalar una hora de tiempo a la semana, que tuvieran computador, Internet y cámara web, que apoyaran con mensajes de admiración lo hecho por los niños y los animaran a continuar explorando.

Cuando los nietos sienten que los abuelos los alientan, que son valorados como actores, que sus producciones son admiradas, que recoger una memoria de lo que consiguen es importante, construyen una autoestima sana. Tenerla empuja a los niños a explorar el mundo, a iniciar aventuras nuevas, a adentrarse en el mundo relacional con otros, y para ello no hay mejor receta que la admiración que las abuelas y los abuelos les demuestran. La forma en la que resaltan todo lo bueno que consiguen, la valoración positiva de su actuar es —según Sugata Mitra— el **método de las abuelas**; todo esto, claro, acompañado de la firmeza suficiente para fomentar el desarrollo de la autorregulación y el respeto por los espacios y tiempos de los demás, sin poner límites a la creatividad ni a la exploración, motor primigenio de los descubrimientos.

La impronta de los abuelos

Dejemos reposar aquí —solo para no fatigar innecesariamente al lector— el enorme universo de la narrativa en el vínculo entre abuelos y nietos. Dejemos explícito, sí, el enorme gozo de todos (nietos y abuelos por igual) cuando son los abuelos quienes ofrecen esas narrativas a los niños y la enorme riqueza que ello les entrega. De igual manera, dejemos visibilizada la maravillosa narrativa de los niños y los adolescentes cuando sus abuelos tienen el cuidado, la sensibilidad y la curiosidad por registrarla. Así como estos ejemplos habrá múltiples mundos que fueron posibles entre otras cosas por la influencia de los abuelos en la infancia y que pueden, incluso, llegar a ser el proyecto de vida de los nietos, al cual los abuelos, en la adolescencia, contribuyeron. Emma, Matilde, Roberto, Andrés, María Paz, Jacobo o Tomás disfrutarán del campo, el deporte, el teatro, la historia, los animales, la pintura, la moda, la interacción social o cualquier otro aspecto de la vida y en ello —de alguna manera— estará la huella de los abuelos cuando estos respondieron desde el fondo de su amor a su requerimiento: "***Abuela, léeme un cuento. Abuelo, cuéntame un cuento***".

Capítulo VII: Cae el telón

Todo lo expuesto hasta aquí hace referencia a los abuelos "sanos"; abuelos aceptablemente vitales, participativos e involucrados de manera más o menos activa en la crianza de sus nietos. Pero el destino natural avanza inexorablemente hacia las limitaciones físicas o el deterioro cognitivo. Se impone entonces reconocer estas realidades y modificar, en consecuencia, varios de los aspectos del manual de convivencia.

Por un lado está la situación en la que —cuando ello ocurre— ya los nietos han crecido y todo el contexto familiar puede virar sin mayor traumatismo hacia entender que ese anciano ya no puede aportar mucho más y en cambio es él/ella quien requiere apoyo. Más allá de que es de elemental justicia brindar ese apoyo, el hecho real es que aquí se cumple el adagio de que gana más quien da que quien recibe. Unos nietos adolescentes o adultos jóvenes a quienes nace de corazón (y si es necesario los padres deben encargarse de que "les nazca de corazón") brindar ese apoyo, pero que igualmente lo consideran un deber ineludible, son y serán buenas personas. Poseen sin duda una profunda convicción sobre la importancia de los vínculos, los afectos y las responsabilidades. Quienes se acerquen a ellos en el presente o en el futuro pueden esperar unos lazos sólidos, valiosos y perdurables. Conocerán además la satisfacción del deber cumplido. En la medida de lo posible, estos abuelos deberían poder seguir siendo útiles por el mayor tiempo posible y en la mayor cantidad posible de acciones. Todo esto, por supuesto, decrecerá inexorablemente con el paso del tiempo.

Por otro lado está la situación en la que los padres aún quisieran cierto apoyo en la tarea de la crianza, pero el abuelo tiene una limitación física (de movilidad, energía o capacidad) y ello impone límites claros a lo que él/ella puede aportar. En estos casos, esas limitaciones deben ser registradas y respetadas. El hecho de que los padres sigan necesitando apoyo del abuelo en una acción específica no puede justificar el maltrato al abuelo, exigiéndole un esfuerzo que no es capaz de realizar, con el agravante adicional de que el apoyo será ineficaz, lo cual contribuirá a una sensación creciente de malestar por parte de todos. Es un auténtico pierde-pierde. Los padres deberían ser capaces de reconocer esta situación sin necesidad de que el abuelo deba allanarse a pedir comprensión o compasión. Una caminata por un centro comercial, por ejemplo, debe hacerse al ritmo sosegado necesario o con las pausas frecuentes que sean necesarias, sin esperar a que el abuelo, jadeando, deba pedir una pausa. Pero, si los padres no registran estos límites, los abuelos están en todo su derecho de exigirlos y hacerlos respetar; todo ello, lejos del fantasma de la vergüenza por esa mayor fragilidad. Por fortuna, los conglomerados contemporáneos vienen avanzando en el reconocimiento de lo "lícitas" que son esas limitaciones y del hecho de que no son un sello de vergüenza. Así, por ejemplo, hoy es corriente el ícono de "reservado para personas con limitaciones" en cualquier estacionamiento, sin que ello implique el sello de la vergüenza. Igual ocurre en las filas de los aeropuertos o para trámites administrativos, el ingreso a museos y espectáculos, etc., y si no es motivo de vergüenza la limitación física, tampoco lo es la limitación cognitiva. Los viejos, en efecto, tenemos problemas de memoria y procesamos algunas operaciones e informaciones con mayor lentitud. Todo por una razón bien sencilla: nuestras neuronas tienen exactamente la misma edad que nuestros huesos. "No ha lugar" entonces la expresión de fastidio y contrariedad de una madre, porque la abuela olvidó una tarea que había dicho que haría.

Otro asunto es cuando la limitación severa que aparece y progresa es de tipo cognitivo, en especial, cuando aparecen los primeros signos de un proceso demencial. Frente a estas realidades, los padres suelen experimentar gran angustia, pues temen que sus hijos pequeños puedan sufrir un gran impacto emocional por "los desvaríos" de la abuela. Los niños pequeños, en realidad, tienen con el mundo de la fantasía un pacto de complicidad y cercanía que les permite navegar, en la mayoría de los casos, esas experiencias sin mayor malestar. Sí es necesaria una dosis importante de tacto y prudencia a la hora de empezar a enfrentar al niño con esas realidades, pero rápidamente suelen superar ese desconcierto inicial y no es extraño constatar, por el contrario, grandes anécdotas de complicidad entre abuelos y nietos en esta situación. Para los niños mayores y los adolescentes, la experiencia sí puede ser más difícil. En esos casos, y también cuando el proceso demencial ha avanzado a un punto en el que ya el relacionamiento significativo no parece posible, no es pertinente o saludable insistir en mantener una presencia frecuente con alguien que —para todos los efectos— ya no está ahí.

Toda esta historia termina como, por supuesto, debe terminar: mal. La muerte nos espera a todos y, por supuesto, a los abuelos en primera instancia. Es aquí cuando los padres deben sacar fuerzas de la flaqueza para ayudarles a los niños a entender el milagro de la vida, y ese milagro es que la vida sigue. Sus abuelos podrán ser un beso ocasional que cae del cielo en una noche estrellada (tomado de *La abuelita de arriba y la abuelita de abajo*, de Tomie dePaola), pero son ellos —los nietos— quienes vuelven realidad el milagro de que la vida sigue porque en ellos sigue la vida y, cuando los nietos lo comprenden y lo asimilan, es cuando los abuelos podemos confesar con orgullo que hemos vivido (Pablo Neruda)... y que valió la pena.

Epílogo: ¿Qué quedó de todo ello? El legado de los abuelos

Es difícil deshacerse de los abuelos. Ellos quedan en nuestra memoria emocional con lo que nos contaron, con lo que dijeron de nosotros, con sus narrativas, con los ritos que inventaron, con las comidas y recetas que nos heredaron, con sus carencias y sus ausencias, con los cuentos que nos contaron, con sus complicidades, con los lugares que compartieron, con su disposición para cuidarnos, con sus mensajes, con su forma de estar en el mundo.

Querámoslo o no, nuestra presencia o nuestra ausencia como abuelos o abuelas dejará una huella en la vida de nuestros nietos. No hay una sola manera de ser abuelo ni una forma única de querer a los nietos; lo importante es que la forma en la que se establezcan los vínculos con ellos, se constituya en un aporte afectivo real en la construcción de su identidad. Tenemos que ser conscientes de que nuestra interacción con ellos y nuestra forma de estar en el mundo deja un legado que se va a transmitir a las generaciones siguientes.

Se dice que los actos de los abuelos marcan al menos tres generaciones para bien o para mal. ¿Ejemplos?: Ese exitoso negocio de empanadas que emprendió la abuela, el cuadro que pintó el abuelo, la participación política de alguno de ellos, la casa que construyeron, el árbol que plantaron, el sentido del humor de uno u otro, o simplemente lo que opinaban sobre diferentes temas; hechos que estarán presentes en las conversaciones de los nietos y en su memoria autobiográfica. Todo este bagaje de referentes históricos muestra de manera contundente cuán profunda y cargada de referentes y huellas de identidad familiar están estos hitos histórico-genealógicos, de los cuales los abuelos son importantes habitantes.

Quizá lo más significativo de la herencia afectiva es la calidad del vínculo establecido. Un buen vínculo se caracteriza por entregar un apego seguro: la sensación de que yo estoy para ti cuando me necesitas. Es el mensaje de que estoy cerca sin ahogarte, pero disponible para atender tus necesidades, escucharte y mimarte.

La forma en la que los nietos fueron acogidos y cómo sus abuelos les expresaron afecto resulta en recuerdos poderosos. Un niño recordaba: "Yo tenía un abuelo muy importante del que me sentía orgulloso; lo triste es que cuando lo visitaba tenía la sensación de que no me veía e incluso sentía que yo estaba de más". Así un abuelo que tenía un enorme potencial de ser una influencia positiva en la vida de su nieto no supo valorar esa oportunidad, dejando un vacío que hizo al niño sentirse superfluo y anodino.

Los vínculos se construyen con la presencia en acciones cotidianas simples, como una llamada telefónica, o en la ida a buscar a una clase de karate, en el regalo escogido con cuidado amoroso, en el postre preparado de forma compartida, en una invitación al cine, en una salida a comer comida china o en el deambular con ellos por plazas, parques y librerías, o simplemente en un mensaje escrito, enviado por cualquier medio o plataforma. En un buen vínculo hay un reconocimiento y una validación del otro, especialmente en la infancia, cuando se está construyendo la imagen personal. Hay tantas formas de hacerlo, pero es necesario darse el tiempo de imaginar formas creativas que resulten inolvidables para los niños. Para un nieto es importante sentirse aceptado y visibilizado, saber que en casa de los abuelos él o ella son prioridad **uno** y que tienen un papel protagónico. Es el lugar donde el afecto está garantizado y que no hay que demostrar mérito alguno para conseguirlo. Esa visibilización resulta más del esfuerzo del abuelo o la abuela por adecuarse a las necesidades de los niños que del "mérito" del niño para hacerse visible.

Los juegos con los abuelos tienen un lugar privilegiado en la memoria emocional. Aquellas tardes en las que jugamos memorice, metrópoli, ojo de águila, dominó o ajedrez no constituyen solo una entretención o una manera de pasar el tiempo. Ahora sabemos que a través de estas simples acciones estamos ayudando a construir una relación afectiva profunda, además de enriquecer la arquitectura cerebral de los niños. En palabras de D. Siegel: "Toda acción educativa construye cerebro y el juego —que es el vehículo de comunicación por excelencia en la infancia— favorece el desarrollo de las funciones ejecutivas como, por ejemplo, la capacidad de autorregulación, la planificación y la flexibilidad cognitiva".

Sentirse validado por los abuelos en lo que uno es, en lo que siente y en lo que hace tiene un poderoso impacto en la mente infantil. Los mensajes implícitos o explícitos entregados en los pequeños gestos cotidianos perduran en el tiempo. Contaba una pintora: "Mi abuela desde pequeña me hizo sentir que yo sería una gran pintora. Me regalaba lápices y materiales de muy buena calidad a pesar de que no tenía muchos medios. Me llevaba a los museos y a las inauguraciones de exposiciones de pintura, especialmente si eran de mujeres pintoras, y colgó en una pared de su dormitorio un cuadro pintado por mí. ¡Me sentí tan orgullosa!". El reconocimiento explícito de los talentos de su nieta hecho por esta abuela desempeñó un papel decisivo en la confianza en sí misma. Comportamientos similares son característicos de los abuelos, quienes son habitualmente los más fervorosos admiradores de sus nietos.

Mención especial merece el legado que los abuelos dejan a aquellos niños que, por diversas circunstancias, no tuvieron a su lado a alguno de sus padres o a ambos. En estos casos, ellos se constituyen en sustitutos paternos y ejercen el papel parental, dando a los nietos la protección, la seguridad y el afecto que requieren. El testimonio de David es muy ilustrativo del importante papel que tienen los abuelos en estas situaciones: "Mi madre me tuvo muy joven y sin estar casada; mi padre —si se le puede llamar así— desapareció de nuestras vidas y mi abuelo fue quien me crio y me enseñó a ser un hombre. Fue una compañía incomparable y me ayudó a superar el dolor que significa crecer sin un padre al lado. Jamás lo escuché quejarse ni hablar mal de mi familia paterna a pesar del abandono".

Los abuelos —por la cantidad y calidad de las circunstancias de vida que han debido enfrentar— pueden entregar a sus nietos un modelo "probado en la vida real" de cómo enfrentar la adversidad y, en ese sentido, son figuras que contribuyen a la resiliencia familiar. Un abuelo o una abuela que enfrenta una enfermedad en forma valiente se constituye en un ejemplo de resiliencia. Una nieta contaba, a propósito de su abuela que tuvo una enfermedad degenerativa: "Al final se acabaron nuestras caminatas; ella ya no podía caminar, pero era maravilloso visitarla y oírla contar historias y conservar ese maravilloso sentido del humor que la caracterizaba. Aprendí de ella a mirar lo positivo y a enfrentar con entereza las situaciones difíciles".

Otro adolescente narraba el siguiente relato: "Mi abuelo, que era un gran lector, se quedó ciego, pero no se dejó vencer. Era muy autónomo, andaba siempre arreglado, escuchaba sus audiolibros, hacía largas caminatas y salía a visitar a familiares y amigos". Qué legado para estos nietos, la figura de abuelos que —con su ejemplo— enseñaron de manera contundente cómo se enfrenta con entereza la adversidad.

A MODO DE COLOFÓN

La presencia de los abuelos a través de sus historias de vida constituye para los niños un modelo de identificación que puede ser maravilloso o doloroso. No es lo que toca vivir sino cómo se vive lo que influye en la percepción y el registro emocional que los nietos se van formando de sus abuelos y de la vida misma y que —en muchos casos— signan sus vidas para siempre.

"La vida no es la que uno vivió, sino la que uno recuerda y cómo la recuerda para contarla".

Tomado de *Vivir para contarla*,
de Gabriel García Márquez